feel good

diestadtspionin

feel good

Die Lieblingslokale der Wienerinnen

Wundergarten Verlag

Servus die Madln!

Ich finde, es wurde Zeit: Zeit für einen Wiener Lokalführer ausschließlich für uns Frauen! Schließlich wollen wir nicht nur gut essen, sondern uns beim Ausgehen auch gut fühlen. Da muss die Atmosphäre stimmen, der Service herzlich sein und sich die Einrichtung – egal ob uns der Gusto nach Vintage oder Eleganz steht – besonders hübsch zeigen. Also präsentiere ich Euch heute 95 Wiener Lokale mit Rundum-Wohlfühl-Atmosphäre!

Viele der vorgestellten Cafés und Restaurants wurden von Frauen gegründet oder werden von Frauen geführt. Natürlich wurden wie immer alle Lokale von mir anonym geprüft und getestet. Und ich habe – immer wichtiger in Zeiten von #MeToo – ausschließlich Lokale ausgewählt, in denen sich Frauen sicher fühlen können. Selbst die vorgestellten Nachtklubs und Bars wurden nach diesem Kriterium ausgesucht.

Das Buch ist in 10 Kapitel unterteilt, die sich nach unseren Bedürfnissen richten: Wo kann ich mit einer Freundin in Ruhe tratschen? Wo gibt es feines Frühstück? Wo finde ich mit einer großen Mädelsrunde Platz? Wo kann ich einen entspannten Mutter-Tochter-Tag verbringen? Und nicht zuletzt: Wo kann ich nobel essen gehen? Denn Ladies, egal wie schön oder anstrengend unser Leben gerade ist: Hin und wieder müssen wir die Prinzessin rauslassen!

In diesem Sinne wünsche ich Euch viel Spaß mit Wien und vor allem eine richtig gute Zeit!

Eure StadtSpionin

Sabine Maier

Auf zum
Freundinnen-Tratsch

Cafe Menta

Benannt nach der heilenden Minze

Was passt perfekt, wenn man sich mit der besten Freundin oder ein paar Mädels treffen will? Ein grau-blau-minziges Lokal, das mit Retro-Industriestyle und Gemütlichkeit so was wie südländische Träume weckt. Das Mediterrane schwingt nicht nur optisch, sondern auch beim Speisen-Angebot mit: Branzino-Sandwich, ein Trio aus Mohn-Minz-Walnuss-Aufstrich, gefüllte Melanzani – vieles ist bio, manches auch vegan. Und weil sich das Leben im Süden im Freien abspielt, hält man am besten Ausschau nach einem feinen Terrassen-Platz. Alles sehr entspannt und gemütlich hier!

📍 Radetzkyplatz 4
1030 Wien

📞 (01) 966 84 23

🕐 Mo – Sa 8.30 – 24.00
So 9.00 – 24.00

🌐 www.cafementa.at

📍 Schleifmühlgasse 16
1040 Wien

📞 (01) 58 50 464

🕐 Mo – Sa 9.00 – 22.00
So 9.00 – 20.00

📘 www.facebook.com/
Vollpension.Wien

Vollpension

Wenn Omas backen

Noch nie dagewesen? Dann beim erstmaligen Betreten bitte die Sonnenbrille aufbehalten! Denn so eine geballte Ladung Turbo-Kitsch muss man erst mal aushalten. Die Vollpension, einst als Pop-up Event bei den Gebrüdern Stitch gegründet, hat ein fixes Heim gefunden. Jetzt können die Omas ihre berühmten Kuchen täglich und vor Publikum backen – in neonbeleuchteten, fliegenden Öfen (echt!). Mittagessen und Frühstück machen die Damen auch, oma-mäßig halt mit Toast Hawai oder Schweinsbratl. Und verspeist wird das Ganze in blümeranten Vintage-Sofas neben Lourdes-Weihwasser-Madonnen, Stickbildern und Porzellan-Leoparden. Schrill, schräg und unvergleichlich sympathisch!

📍 Schleifmühlgasse 21
   1040 Wien

📞 (01) 890 36 48

🕐 Mo – Sa 11.00 – 24.00

🌐 mir.wien

Mir

Die Eleganz der Sechziger Jahre

Genau das Richtige für einen gemütlich-gepflegten Freundinnen-Tratsch! Viel Platz, ausnehmend hübsch eingerichtet mit petrol-farbenen Wänden und ein paar Anklängen an das Möbeldesign der Sixties, verdammt freundlicher Service – und vor allem feine Küche. Bei der macht sich die Herkunft der Wirtfamilie bemerk-bar: Zwischen internationalen Gerichten taucht immer wieder Orientalisch-Türkisches auf. Lammeintopf mit Minze, Halloumi mit Avocado, Tabulé. Obwohl im Freihausviertel nun wirklich kein Mangel an originellen Lokalen herrscht, hat es genau dieses noch gebraucht.

⚲ Amerlingstraße 15
1060 Wien

🕐 Mo – Fr 11.00 – 23.00
Sa 10.00 – 23.45
Feiertags 11.00 – 18.00

🌐 www.brasseriedela
marie.com

Brasserie de la Marie

Farbenfroh und sympathisch

Das französisch angehauchte Cafe-Restaurant in der Amerlingstraße könnte 1:1 dem Film „Die fabelhafte Welt der Amelie" ent-
sprungen sein. So wohlfühl-kitschig-schön ist es zwischen den
bunten Möbeln und üppigen Blumensträußen. Nur, dass Amelie
in diesem Fall Carmen heißt, gebürtige Rumänin ist und das
Savoir vivre speisetechnisch auch schon mal etwas internationaler
übersetzt. So stehen neben Ratatouille, Lavendel-Zimt-Huhn und
Tarte Tatin auch Burritos und Burger auf der Karte. Damit
es nicht langweilig wird, wie sie sagt. Gekocht wird wie bei
Mama! Auch die täglich wechselnden Mittagsmenüs.

Burggasse 24

Tratschen neben Vintage-Mode

Von der hohen Decke baumeln Grünpflanzen in Retro-Makrame-Blumenampeln, ein wilder Mix aus Vintage-Möbeln und Riesen-sofas sorgt für Wohnzimmer-Feeling und eigentlich sitzt man mit-ten in einem von Wiens größten Second Hand Stores: willkommen in der Hipster-Zentrale! Auf luftigen 500 Quadratmetern kann man hier nicht nur ausgefallene Zweithand-Mode und Designer-Archivstücke kaufen, sondern (jaja, shoppen macht hungrig) auch ausgefallen frühstücken, stundenlang abhängen oder ein Afterwork-Glaserl Wein mit der Freundin zwitschern. Sehr entspannt, sehr lässig, sehr sympathisch.

📍 Burggasse 24
1070 Wien

📞 0677 616 41 784

🕐 Mo – So 10.00 – 22.00

🌐 burggasse24.com

Waldemar Tagesbar

Stylishes Loft

Altgasse 6
1130 Wien

0664 361 61 27

Mo – Fr 8.00 – 20.00
Sa & So 9.00 – 15.00

www.waldemar-tagesbar.at

Normalerweise ist Hietzing ja nicht gerade als Szene-Viertel verschrieen. Die Tagesbar vom Herrn Waldemar entpuppt sich aber als luftiges, lichtdurchflutetes Loft – skandinavisch zurückhaltend möbliert, helles Holz, gegossener Boden und auffällige Betonsäulen, die als Mega-Vasen dienen. Hier ist genügend Platz für größere Mädelsrunden und Kinderwagen. Wenn möglich sollte man vor 15.00 Uhr kommen, denn das Frühstück spielt alle Stückeln: inspiriert von Soho, Tel Aviv, Paris und Hietzing. (Reservierung empfohlen!) Zu Mittag werden auch Buddha Bowls und Currys serviert. Lässig, lässig!

Buchcafe Melange

Weit weg von der Hektik der Stadt

📍 Reindorfgasse 42
1150 Wien

📞 0677 6197 0528

🕐 Di – Fr 10.00 – 12.30
und 13.00 – 18.30
Do 10.00 –12.30 und
13.00 – 19.30
Sa 10.00 – 15.00

🌐 buchcafe-melange.com

Viel Platz zum Sitzen ist hier nicht, dafür ist es umso heimeliger. Und Schmankerl werden gleich in doppelter Hinsicht serviert. Einerseits leckere Kuchen und Kekse mit Kaffee, die man auf den nett altmodischen Möbeln neben Bücherregalen verspeist. Und dann natürlich literarisch. Die Buchhandlung ist zwar eher klein, birgt aber eine geniale Auswahl an potentiellen Lieblingsbüchern – von Nigel Slaters neuestem Kochbuch bis zu ausgesucht guten Romanen. Umsorgt von der sympathischen Besitzerin kann man sich hier wunderbar verratschen – wie in einem eigenen, kleinen Kosmos.

Meiselstraße 2
1150 Wien

0680 3087234

Di – Sa 10.00 – 22.00
So 10.00 – 17.00

www.cafe-z.at

Cafe Z

Ganz gechillt im Hier und Jetzt

Früher mal war das da eine Konditorei. Bekannt für ihre Creme-
schnitten und besucht von alten Herrschaften. Bis Christa Ziegel-
böck kam. Die „eroberte" sich das geschlossene Cafe Angelmayer,
baute um – und schaffte etwas, was nicht oft gelingt. In ihrem Cafe
Z sitzen Grätzelbewohner, junge Szenemenschen und alte Stamm-
gäste einträchtig nebeneinander und fühlen sich wohl. Was wohl
an der entspannten Chefin liegt und an der heiteren Atmosphäre.
Auf Vintage-Möbeln trinkt man Kaffee, isst köstliche Crêpes
oder Mittags-Menüs (viele bio) und freut sich über die günstigen
Preise. Großer Tipp!

📍 Sparkassaplatz 1
1150 Wien

📞 (01) 89 22 978

🕐 Mo 16.00 – 24.00
Di – Fr 8.30 – 24.00
Sa & So 9.30 – 24.00

📘 www.facebook.com/
daseduard/

Das Eduard

Glücksfall in der Vorstadt

Der 15. Bezirk ist ja lokaltechnisch nicht grad ein Heuler – da gibt's noch viele weiße Flecken auf der Landkarte. In so einem Niemandsland hat Das Eduard eröffnet – auf dem wirklich netten, kleinen Sparkassaplatz. Das geräumige, superfesche Lokal ist alles in einem: Kaffeehaus, Frühstücksoase, Restaurant, Treffpunkt und Versorgungs-Station für stundenlanges Abhängen. Die Speisekarte schafft den Spagat vom Schweinsbraten zum veganen Curry und die Bedienung ist flink und sympathisch. Ja, und an warmen Tagen sitzt man idyllisch am Platzl unterm Baum. Glücksfall für den Fuffzehnten!

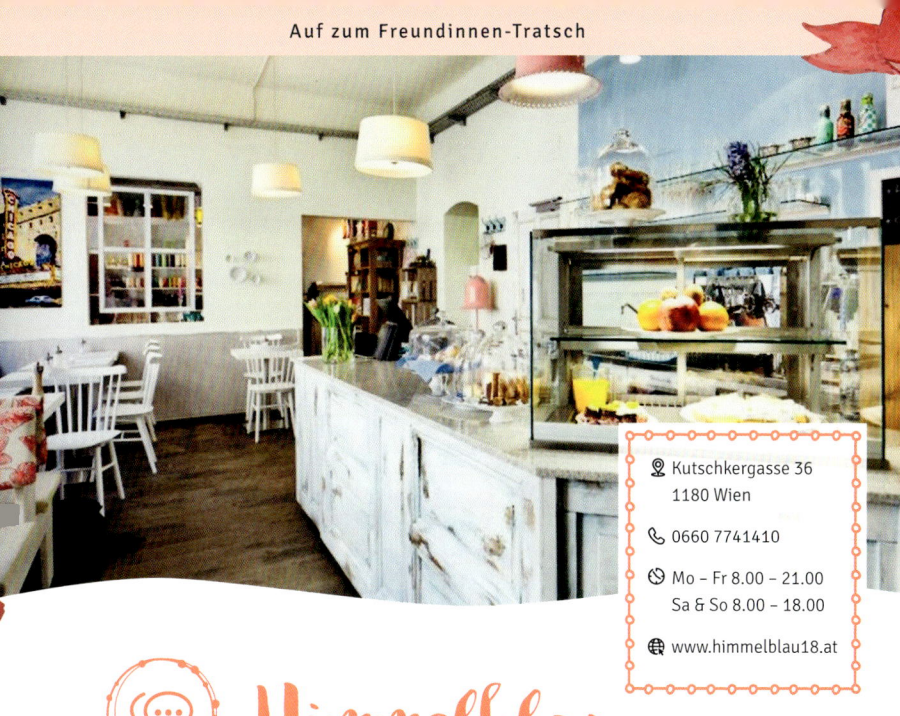

Kutschkergasse 36
1180 Wien

0660 7741410

Mo – Fr 8.00 – 21.00
Sa & So 8.00 – 18.00

www.himmelblau18.at

Himmelblau

Das Wohnzimmer am Kutschkermarkt

Wenn allein schon der Name gute Laune macht, kann ja kaum noch was schiefgehen. Und tatsächlich, das Cafe mit dem supernetten Service ist so ein Ort, an dem man spätestens beim Hinsetzen weiß: Das ist gut. Kein Wunder, dass sich ganze Mädelsrunden hier wöchentlich zum Tratschen treffen. Die Quereinsteigerin Nicole Ott, die in Italien und Amerika lebte und in Chicago ihre Patisserie-Ausbildung machte, hat eine richtig sympathische Oase geschaffen: leger, unkompliziert, gschmackiges Frühstück, viele Produkte vom Markt vor der Haustür, nette Wochenkarte. Und so bildhübsche Kuchen unterm Glassturz!

Frühstücksglück
& Lieblingsbrunch

📍 Landstraßer Gürtel 5
1030 Wien

📞 (01) 90 131 0

🕐 Mo – So 6.30 – 01.00
(Frühstück bis 10.00,
Sa, So bis 12.00)

🌐 www.hoteldaniel.com/
de/vienna

Bakery Hotel Daniel

Frühstück mit „Urban Feeling"

Ein riesiges, helles Loft, täglich ein kreatives und ziemlich umfangreiches Frühstücksbuffet, witziges Interieur mit hängenden Sofas und viel Grünzeug: So lässig kann frühstücken in Wien sein! Das fesche Design-Hotel Daniel hat die Eingangs-Lobby zur sehr feschen Bakery gemacht, in der Touristen wie Wiener chillen, arbeiten (gratis W-Lan) und natürlich essen können. Brote, Aufstriche, Kuchen, Eierspeisen, Müsli, Früchte – das Buffet spielt alle Stückeln. Wer dann einfach den Rest des Tages sitzenbleibt, kann auch mittag- und abendessen – von Steak bis Superfood. Danke, so mögen wir das!

Budapest Bistro

Für Langschläfer, Spätesser und Jederzeitfrühstücker

Ein Geheimtipp für Morgenmuffel! Frühstück gibt es hier nämlich den ganzen Tag, und das sieben Tage die Woche. Hinter riesigen Fenstern macht man es sich zwischen Fotowänden und Büchern gemütlich und bekommt vom freundlichen Chef einen starken Illy-Kaffee und ein anständiges Frühstück serviert. Marmeladen, Liptauer und Sirupe sind selbst gemacht, das Gebäck wird von der Stammbäckerei in Sopron (nein, nicht Budapest ;-) geliefert. Ungewöhnlich ist das Frühstück auf ungarisch: gefüllte Blätterteig-Teilchen, die süß (mit Apfel oder Topfen gefüllt) oder pikant (mit Schinken, Speck) schnabuliert werden.

Pilgramgasse 10
1050 Wien

0699 171 48 736

Mo – So 8.00 – 20.00

budapestbistro.at

Tanzen Anders

Lässig, luftig, liebevoll

„Junge Römer tanzen anders", sang Falco einst. Und weil der früher im Nebenhaus wohnte, die beiden Jungs gern tanzen und hier alles ein bissl anders ist, bekam das fesche Lokal flugs einen ungewöhnlichen Namen. Xu und David haben ein ehemaliges Büro umgebaut, puristisch mit einfachen Holztischen und krankenhausgrünen Retro-Fliesen bestückt und in ein Cafe & Essen-Ding verwandelt. Das sieht nicht nur hip aus, sondern verführt vor allem mit liebevollen Kuchen und kreativen Frühstücken. Der French Toast: zum Dahinschmelzen, der Croque Madame: verführerisch. Einfach nur großartig!

Ziegelofengasse 29
1050 Wien

Mi – Sa 10.00 – 21.00
So 10.00 – 17.00

www.tanzenanders.at

📍 Gumpendorfer Str. 33
1060 Wien

📞 0660 123 08 44

🕐 Mo – Fr 7.30 – 15.00
Frühstück solange
es reicht

🌐 www.grains-wien.at

Grains

Gestärkt ins Büro

Wissen wir eh: Frühstück ist die wichtigste Mahlzeit des Tages. Wie unglaublich kreativ und gleichzeitig gesund das sein kann, zeigt Martina Hörlein in ihrem winzigen Lokal. Ob geröstete Hirseflocken mit Kompott und Nuss-Kakao-Krokant (süße Verführung am Morgen), pikantes Congee aus Naturreis mit Miso und Gemüse oder Adzukibohnen-Süßkartoffelbrei – es schmeckt umwerfend! Hier wird mit viel Wissen und wirklich mit Liebe gekocht. Geöffnet ist übrigens schon ab 7:30 Uhr, damit man sich am Weg ins Büro ein warmes Super-Frühstück mitnehmen kann! Und Mittagsgerichte gibt's auch.

Linke Wienzeile 36
1060 Wien

(01) 581 12 50

Mo – So 8.00 – 2.00
(Frühstück bis 16.00)

www.on-market.at

ON Market

Good Morning, Asia!

Achtung, jetzt kommt eine Liebeserklärung. Dieses Lokal ist so schön! Und das Frühstück ist so gut! Und endlich gibt es etwas, wo man am Naschmarkt auch am Sonntag essen kann! Das echt, echt große Cafe-Restaurant präsentiert sich lichtdurchflutet, als einzige Deko hängen an den Wänden phantastische Stoffe und gleich beim Eingang die wahrscheinlich größte Lampe Wiens. Spektakulär! Die Frühstückskarte mäandert gekonnt zwischen Asien und Europa. „Good Morning, Asia" wird mit Germteigtaschen und Kraftsuppe serviert, das Wiener Frühstück mit Bio-Ei und Beinschinken.

Gubler & Gubler

Herzig frühstücken mit Mostbröckli

Ein Puppenhaus? Eine gute Stube? Auf jeden Fall ein reizendes Lokal! Die schweizerische Enklave von Kathrin und Markus Gubler sieht entzückend aus – mit ihren weißen Vintage-Möbeln und rot-weißen Stoffen – und wirkt (tatsächlich) wie ein verlängertes Wohnzimmer. Gekocht werden die typischen Speisen der schweizerischen Omas und Mamas – auch zum Frühstück: Birchermüesli & Kafi, Älpler Frühstück mit Rösti, Mostbröckli (geräuchertes und an der Luft getrocknetes Rindfleisch) und großartige Kuchen. Und übrigens: Kalorien werden hier nicht gezählt! Merci ;-)

Strozzigasse 42
1080 Wien

(01) 916 60 90

Di – Fr 7.30- 19.00
Sa 10.00 – 19.00
So 10.00 – 17.00
(Frühstück jederzeit,
So Brunch)

www.gublergubler.at

Märzstraße 67
1150 Wien

(01) 982 13 64

Sa, So + Feiertag
9.00 – 15.30

fruehstueckssalon.
dasaugustin.at

Frühstückssalon Augustin

Der hinreißendste Salon von Wien

Kaum wo lässt es sich in Wien so charmant frühstücken wie hier! Das Augustin ist ja eigentlich eine Gasthaus-Institution im 15. Bezirk, aber die Wochenend-Vormittage hat sich die junge Tochter des Besitzers, eine bekannte Schlagzeugerin, unter den Nagel gerissen. Sie veranstaltet einen hinreißenden Frühstücks-Salon: mit kreativen, leckeren Frühstücken (etwa „Fjord" mit Lachs und Schaffrischkäse oder „Caorle" mit Gemüse-Antipasti), liebevollen Deko-Ideen und wunderbar entspannter Stimmung. Chillen mit Sofa und Holzvertäfelung. Und im Sommer übersiedelt der Salon in den romantischen Hofgarten.

Cafe Frida

📍 Payergasse 12
1160 Wien

📞 0678 122 9464

🕐 Mo – So 9.00 – 24.00

🌐 cafefrida.at

Frühstücken am Yppenmarkt

Es ist nicht zu übersehen: Hier sind Fans der mexikanischen Malerin Frida Kahlo am Werk. Als großes Wandbild wacht sie über die Frühstücker, die sich vor allem samstags am Yppenplatz in Scharen tummeln. (Jaja, auf die Mittagesser und Abendmahlschnabulierer hat sie natürlich auch ein Auge.) Und obwohl die Morgenauswahl von French Toast über Baked Beans bis zu veganer Eierspeis reicht, braucht man in Wahrheit im Frida nur eines: Pancakes! Mit Beeren auf bunten Tellern serviert und mit Honig übergossen – und schon ist man glücklich. Manchmal dauert es hier ein bisschen länger, aber dafür ist alles sehr gechillt.

Petit Dej

Gleich neben dem Pötzi-Park

Für die Nicht-Französinnen: Petit Dej (sprich: pöti desch) steht für „petit-déjeuner", also „Frühstück". Und für dieses bleiben in der entzückenden Boulangerie-Pâtisserie keine Wünsche offen. Hat man es an der langen Theke voller süßem Wahnsinn von Eclaire bis Pain au Chocolat vorbeigeschafft, kann man sich in dem charmant eingerichteten Lokal auch herrlich Deftiges aussuchen, etwa Omelettes mit verschiedenen Toppings oder Croques. Und die hausgemachte Limo schmeckt super! Der angrenzende Pötzleinsdorfer Schlosspark bietet sich dann für den dringend nötigen Verdauungsspaziergang an.

📍 Pötzleinsdorfer Str. 67-69
1180 Wien

📞 0664 46 44 679

🕐 Mo – Fr 8.00 – 18.00
Sa – So 8.00 – 19.00

🌐 www.petit-dej.at

Cafebrennerei Franze

Für Liebhaber von Kaffee und Tee

Der Kutschkermarkt ist einer von Wiens schönsten Märkten – klein, überschaubar und delikat im Angebot. Da passt die helle und liebevoll-chic eingerichtete Cafebrennerei Franze am oberen Marktende wunderbar dazu: gemütlich, mit Sofas, einer geselligen Tafel, aber auch kleinen Tischchen, an denen man zu zweit gut munkeln kann. Und von früh bis spät wird Frühstück serviert. Neben Omelettes, Humus, Süßem und Bio-Ei stehen unzählige selbst geröstete Kaffeespezialitäten aus Ländern wie Äthiopien und Hawaii auf der Karte – und dazu rund 200 offene Tee-Sorten. Da wird jeder wach!

Schulgasse 25
1180 Wien

(01) 932 02 12

Di – Fr 8.00 – 18.00
Sa 8.00 – 15.00
So 9.00 – 16.00

facebook.com/
cafebrennereifranze

Frischluft
& Gartenlaune

Lamée Rooftop

Am chicsten Dach von Wien

📍 Rotenturmstraße 15
(Eingang Lichtensteg 2)
1010 Wien

📞 (01) 532 22 44

🕐 Sommer bei
Schönwetter:
Mo – So 9.00 – 24.00

🌐 www.lameerooftop.com

Für alle, die Lust auf Frischluft haben: Dies hier ist einer der schönsten Plätze der Stadt! Die Dachterrasse auf dem Hotel Lamée mit dem unglaublichen Ausblick auf den Stephansdom sieht umwerfend aus und ist einfach nur smart. Unter den tropisch verkleideten Sonnenschirmen kann man im Sommer feine Kleinigkeiten und Fingerfood schmausen (Knuspergarnelen!) und entspannt der Zeit beim Verrinnen zuschauen. Am Abend wird's hier sehr voll, also besser unter Tags kommen. Das farbenfrohe Styling ist übrigens eine Hommage an Dorothy Draper, die amerikanische Grande Dame des Interior-Designs der 1930er Jahre.

Meierei im Stadtpark

Neben alten Bäumen am Wienfluss

Wunderbar, was die Reitbauers vom Steirereck (Wiens Rekordhalter aller Gourmet-Führer) aus der alten Meierei im Stadtpark gemacht haben: eine mondän gestylte, aber legere Genussoase am Wienfluss, eingebettet in herrlichsten Altbaumbestand. Das Preisniveau ist mehr Steirereck als Meierei, aber dafür gibt's eben auch vom Frühstück (Waldpilzeierspeise, hmmm!) bis zur Nachmittagsjause Sternekoch-Qualität. Zudem – schließlich war das hier mal eine richtige Meierei – kann man zwischen 120 Käsesorten aus allen Herren Länder wählen. Ausflugsfeeling pur – mitten in der Wiener Stadt.

Am Heumarkt 2A
1030 Wien

(01) 713 31 6810

Mo – Fr 8.00 – 23.00
Sa, So 9.00 – 19.00

steirereck.at/meierei

Salesianergasse 23
(Eingang über Strohgasse)
1030 Wien

(01) 710 54 60

Mo – So 11.30 – 22.00

lautentico.at

l'autentico giardino

Echte Pizza im echt schönen Garten

Wenn der Sommer Wien fest im Griff hat, passt das gut: die Flucht in einen der hübschesten Lokal-Gärten der Stadt! Im sonst so gastro-grauen Viertel rund um den Schwarzenbergplatz heißt es nämlich „Ciao Napoli"! Im großzügigen, begrünten Garten der Pizzeria l'autentico kommen knusprige Wunder-Fladen nach neapolitanischem Original-Rezept auf den Teller. Ob klassisch mit San Marzano-Tomatensauce oder als Pizze bianche (etwa mit Steinpilzen und Trüffelcreme) – kulinarisches Dolce Vita ist garantiert. Mittags dominiert hier eher der Business-Style, am Abend wird's dann romantisch.

Mill

Der heitere Hofgarten

Es muss ja nicht immer Wiese und Wald sein, auch ein Hinterhof kann Gartenlaune machen. Vor allem der vom Mill: Backsteinwände, jede Menge Topfpflanzen, Holztische und ein bisschen fernöstlicher Style in pink, rot und orange. Hier lässt es sich im Freien mittags genauso nett sitzen (und nett essen!) wie am Abend. Am bekanntesten im Mill ist aber sicher der Sonntagsbrunch: mit Gemüse-Antipasti, Aufstrichen, Palatschinken, bis zu sechs Hauptspeisen, Salaten und hausgemachten Kuchen. Und falls doch mal ein Regenschauer kommt, zieht man sich einfach unter die riesige überdachte Arkade zurück.

Millergasse 32
1060 Wien

(01) 966 40 73

Mo – Fr 16.00 – 24.00
Di – Do 11.30 – 14.30
So 11.00 – 16.00

www.mill32.at

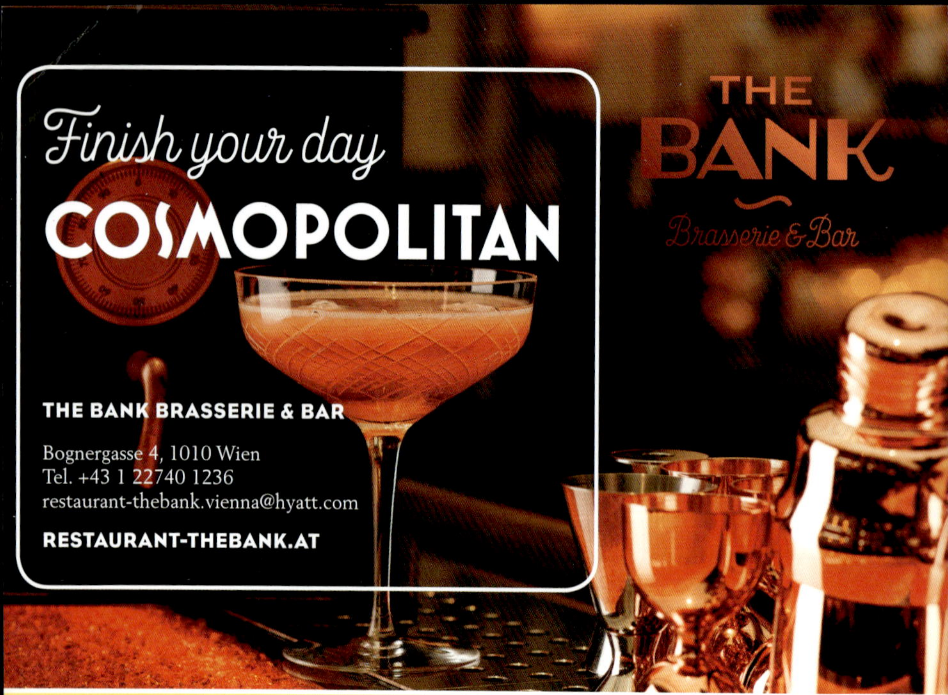
Finish your day
COSMOPOLITAN
THE BANK BRASSERIE & BAR
Bognergasse 4, 1010 Wien
Tel. +43 1 22740 1236
restaurant-thebank.vienna@hyatt.com
RESTAURANT-THEBANK.AT
THE BANK
Brasserie & Bar

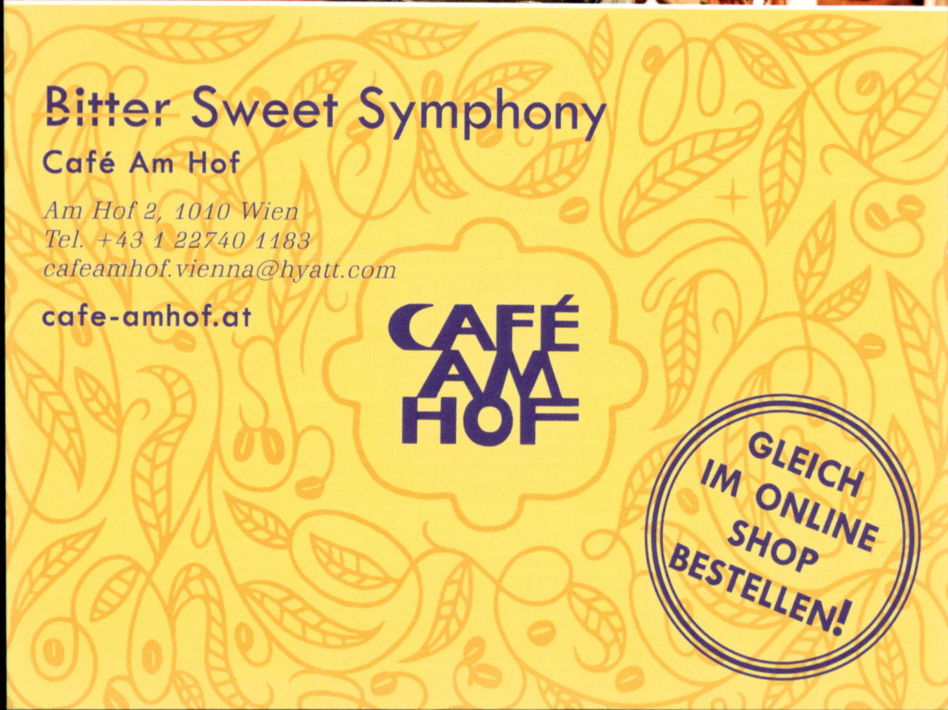
Bitter Sweet Symphony
Café Am Hof
Am Hof 2, 1010 Wien
Tel. +43 1 22740 1183
cafeamhof.vienna@hyatt.com
cafe-amhof.at
CAFÉ AM HOF
GLEICH IM ONLINE SHOP BESTELLEN!

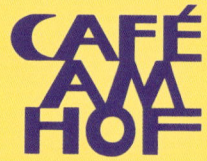

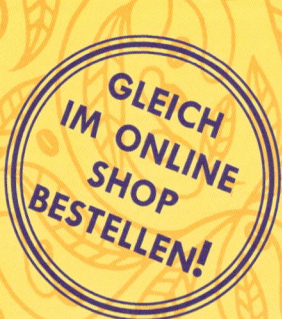

Ruby Marie

Rooftop-Garden mit Fatboys

Das würde man jetzt hier nicht erwarten: ein großzügiger, komplett versteckter und vor allem richtig nett designter Dachgarten auf der Mariahilfer Straße! Das Design-Hotel Ruby Marie (Motto: „Lean Luxury") hat sein Dach nicht nur für Hotelgäste, sondern für jedermann geöffnet. Man betritt das Hotel, fährt mit dem Lift hoch und landet bei bunten Sonnenliegen, Tischchen im Vintage-Look, gemütlicher Gartenatmosphäre, super bequemen Fatboys-Sitzsäcken und Weinkisten als Abstelltischen. Eine superlegere, urbane Idylle zum Frühstücken, Kaffee trinken oder Sundowner-Cocktails schlürfen. Genial!

Kaiserstraße 2-4
1070 Wien

Mo – Fr 7.00 – 22.00

www.ruby-hotels.com/
hotels-destinations/
wien/ruby-marie

📍 Breitegasse 4
1070 Wien

📞 (01) 526 56 60

🕐 Mo - So 11.00 – 2.00

🌐 www.glacisbeisl.at

Glacis Beisl

Lauschige Lauben
unter hohen Nussbäumen

Tatsächlich: Im Glacis Beisl sitzt man auf der historischen Stadtmauer! Zur Jahrhundertwende waren hier noch Stallungen und Militäreinrichtungen zu finden, heute ist es ein fesches Gasthaus mit idyllischem Ambiente. Vor allem der Garten unter alten Nussbäumen ist ein Juwel. Mit vielerlei Grünem und Blühendem bepflanzt (und einem „vertikalen Garten" beim Eingang), ist vom Trubel der umgebenden Stadt hier nichts mehr zu spüren. Erreichen kann man das Glacis Beisl sowohl vom MuseumsQuartier aus als auch von der Breitegasse. Und gekocht wird Wiener Küche, modern interpretiert – sogar Somlauer Nockerl gibt's ;-)

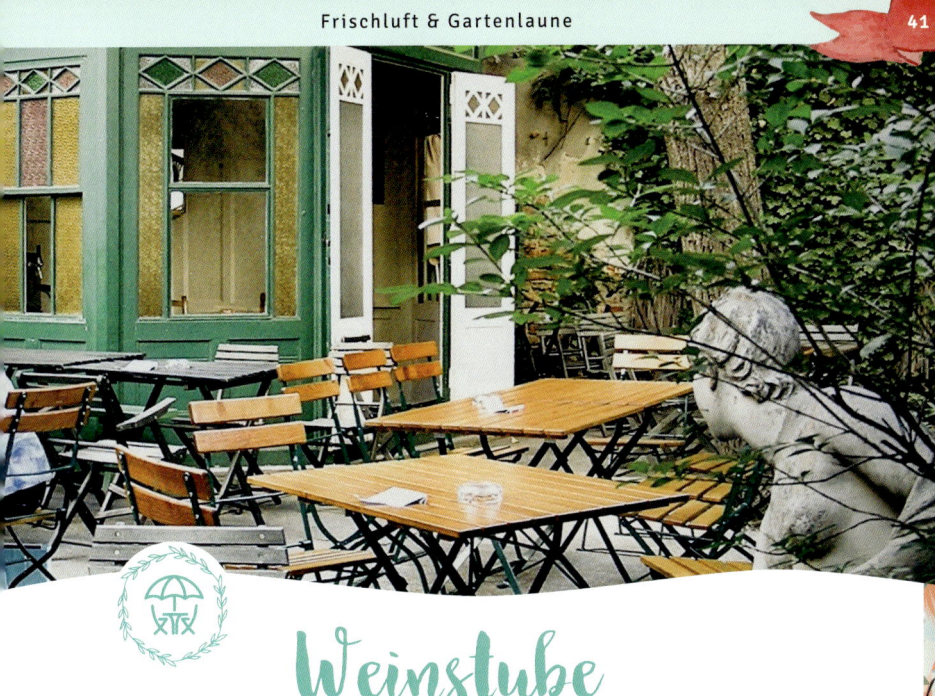

Weinstube Josefstadt

Gartenidylle mit Springbrunnen

Es ist doch immer wieder erstaunlich, welch versteckte Gärten man in der Stadt finden kann! In der Piaristengasse etwa: Man sieht auf der Straße nur eine kleine Laterne als Hinweis, durchschreitet einen langen, öden Hausflur – und landet in einer schnuckligen Heurigen-Idylle. Mit Bäumen, einem echten Salettl, Springbrunnen und wildem Wein, der am Nachbarhaus fünf Stockwerke hochwächst. Absolut heimelig, überraschend, intim. Natürlich gibt's guten Wein (ausschließlich österreichischen) und leckere Sachen vom Heurigen-Buffet, ganz klassisch mit Selbstbedienung und angenehm unkompliziert.

📍 Piaristengasse 27
1080 Wien

📞 (01) 40 64 628

🕐 Garten Mo – So
16.00 – 22.00
(1.1 – 31.3. geschlossen)

📘 www.facebook.com/
WeinstubeJosefstadt

Kronprinzengarten
Schlosspark Schönbrunn
1130 Wien

(01) 241 003 80

Mo – Fr 10.00 – 20.30
Sa, So 9.00 – 20.30

www.landtmann-jausenstation.at

Jausen Station Meierei Schönbrunn

Hideaway im Schlosspark

Na, das ist wirklich versteckt! Erstaunlich eigentlich, wo die Jausen Station doch inmitten von Österreichs beliebtester Touri-Zone, dem Schlosspark Schönbrunn, liegt. Im Kronprinzengarten, versteckt hinter Hecken und da, wo dereinst die Kaiserkinder spielten, hat das Café Landtmann die jahrelang leer stehende Meierei übernommen. Ausnehmend hübsch in Pastell-Tönen renoviert lockt das Café nun ins Grüne, mit witziger Speisekarte (Brettljause!), ganztags Frühstück und rundum entspannter Atmosphäre. Vor der Terrasse blühen die Rosen, Vögel zwitschern und durch die Bäume schimmert in der Ferne das große Schloss. So Wien!

Hermes in der Hermesvilla

Kaiserin Sisis Schloß der Träume

Oh ja, hier ist's verdammt romantisch! Ein bissl Zeit muss man halt mitbringen, denn zur Hermesvilla gelangt man nur zu Fuß. Nach einem Spaziergang durch den Lainzer Tiergarten, der bekanntermaßen zu jeder Jahreszeit schön ist, kann man sich dann in Kaiserin Sisis Villa zum Frühstück niederlassen. Am besten auf der Terrasse mit Blick ins Grüne, mit frischen Semmerln, Beinschinken und Fru Fru. Oder zum Mittagessen mit vielen Wildspezialitäten. Auch Picknick-Körbe werden bei Bedarf gepackt. Und einmal im Monat wird zum Candlelight-Dinner geladen. Romantischer geht's dann nicht mehr...

Lainzer Tiergarten
1130 Wien

(01) 804 13 23

Di – So 9.00 – 18.00
(Im Winter kürzer,
je nach Park-
Öffnungszeiten)

www.hermes-villa.at

Wilhelminenstr. 237
1160 Wien

(01) 489 33 33

Mo – So 12.00 – 21.00

www.facebook.com/
villa.aurora.
villa.aurora

VILLA AURORA

Villa Aurora

Hinauf in den Aussichtswundergarten

Sagen wir es gleich mal grad heraus: Wegen des Essens fährt man eindeutig nicht hier herauf auf den Wilhelminenberg. Aber die Location ist halt so bezaubernd! Der Gastgarten „inmitten erquickender Spontanvegetation" (Eigenwerbung, zutreffend), das Verweilen im „Aussichtswundergarten" (Eigenwerbung, zutreffend): hinreißend schön. Die Zeit läuft anders hier. Man sieht vom alten Haus aus 1785 hinunter auf Wien, Eichhörnchen laufen durch den riesigen Garten, rundherum gibt's entzückende alte Villen und viel, viel Wald, der zum Natur atmen einlädt. Und das Essen, ja mei, das ignorieren wir jetzt mal.

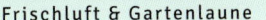

📍 Amundsenstraße 10
1170 Wien

📞 (01) 480 51 50

🕐 Mo – So 11.00 – 24.00

🌐 www.klee.wien

Klee am Hanslteich

Zufluchtsort für Stadt-Neurotiker

Das ist eindeutig wie Kurzurlaub! Schließlich sitzt man im Klee direkt am Wasser, um genau zu sein: über dem Wasser. Das einst heruntergekommene Wirtshaus am Hanslteich wich einer modernen Holz-Lounge, die fast ausschließlich aus einer See-Terrasse besteht. Und dank einer Holzmarkise kann man hier vom zeitigen Frühjahr bis spät in den Herbst hinein angenehm draußen verweilen. Auf der Speisekarte findet sich ausgesucht Feines mit mediterranem Einschlag, von Burrata bis Landhenderlbrust. Und während man leger sein Schnitzel verzehrt, quaken die Frösche und huschen Libellen übers Wasser.

COOKING CHEF
GOURMET KCC9060S

▶ **1.500 WATT**

▶ Inkl. **INDUKTION**

▶ **20°C - 180°C**
Temperatureinstellung

▶ Mit über **20 ZUBEHÖRTEILEN**
erweiterbar

▶ **KENWOODAUSTRIA.AT**

Soulfood
& Süßkram

Kärntner Straße 51
1010 Wien

(01) 526 13 61

Mo – So 11.00 – 17.30
Cafe 10.00 – 23.00

gerstner.at

Gerstner Cafe-Restaurant

Eleganz auf drei Stockwerken

Manchmal reicht Kuchen alleine nicht mehr aus, dann muss auch noch ein prachtvolles Ambiente her. Wer also Soulfood für alle Sinne sucht, lenke seine Schritte zum Gerstner ins Palais Tedesco. Vor wenigen Jahren eröffnete der K. u. K. Hofzuckerbäcker dort sein hinreißend-altmodisch eingerichtetes Cafe gegenüber der Oper. Das Ambiente könnte famoser nicht sein: historische Deckengemälde, herrschaftliche Kamine, Seidentapeten, Pilastern aus rotem Marmor und viel Gold. Kurz: Es haut einen um. Dazu eine elegante Dobostorte, ein paar Petit Fours oder ein prickelndes Champagner-Törtchen – so schön sitzt man in Wien selten wo!

⚲ Bäckerstraße 10
1010 Wien

☎ (01) 997 41 48

🕐 Di – Fr 7.00 – 18.00
Sa 8.00 – 17.00

🌐 paremi.at

Boulangerie-Pâtisserie Parémi

Ein kleines Stück vom Glück

Die StadtSpionin hat ja ein Faible für Liebesgeschichten! Die neueste lautet: Junger Wiener und junge Wienerin, die beide in Frankreich das Handwerk der Back- und Konditorkunst lernten, treffen sich in Paris, verlieben sich und kehren nach Wien zurück, um eine echte französische Boulangerie zu eröffnen. Monatelang wurde ein Pferdestall aus der Renaissance großartig umgebaut – und jetzt haben wir ein Stück Liebe im Ersten! Perfekte Baguette, göttliche Croissants und Desserts zum Schwelgen werden hinter einer Glaswand laufend frisch produziert. Man kann einkaufen oder sich gleich vor Ort eine chice Pause gönnen.

Simply Raw Bakery

Herzensprojekt von Frauen

Dass diese Bakery von Frauen geführt wird, sieht man schon an der entzückenden Einrichtung. Berühmt wurde das Mutter-Tochter-Duo mit verführerischen rohen Desserts, die sie mehrere Jahre lang am Bauernmarkt auf der Freyung verkauften. Die süße Rohkost (vegan, bio und immer unter 42 Grad zubereitet, damit auch die volle Vitamin-Dröhnung erhalten bleibt) hatte so viele Fans, dass die Raw Bakery schließlich sesshaft wurde. Im bezaubernden Bistro-Cafe wurde das Sortiment erweitert – und so kann man heute „raw" frühstücken (mit hausgemachtem Rohkostbrot!), Leinsamen-Pizza verspeisen und in rohen Kuchen schwelgen!

📍 Drahtgasse 2 (Am Hof)
1010 Wien

📞 0677 6246 9124

🕐 Mo – Sa 9.00 – 18.00

🌐 simplyrawbakery.at

Fett+Zucker

Humor mit Apfelstreusel

Ja Ladies, schauen wir den Kalorien ins Auge! Das hippe Kuchen-Cafe in der Nähe des Karmelitermarkts versucht erst gar nicht, irgendwas zu beschönigen. Mit viel Humor teilt hier die Architektin Eva-Maria Trimmel ihre Liebe zum Kuchen mit uns. Bäckt großartigen Apfelstreusel (vegan), perfekten Cheese Cake und saftiges Banana Bread. Gegessen wird an Küchentischen vom Flohmarkt und Sofas aus den 1960ern, die Wände verzieren getapte Comics. Lässig und sympathisch wird dem Motto „Kuchen macht glücklich" gefrönt. Perfekt für die moderne Version des Damen-Kränzchens!

Hollandstraße 16
1020 Wien

0699 11 66 00 92

Mo – Do 13.00 – 21.00
Fr – So 11.00 – 21.00

www.fettundzucker.at

Cocktail-Abend für Reisefreudige

Mit der 26°EAST Bar im Palais Hansen Kempinski hat eine neue Adresse für alle Bar-Fans eröffnet, die gerne kreative Cocktails probieren oder sich einmal etwas gönnen möchten. Auf der Barkarte stehen kreative Drinks inspiriert von Ländern entlang des 26. Längengrads, aber auch „Dry Thrown" Cocktails, die ohne Eis und auf Zimmertemperatur serviert werden. Passend dazu: Gefüllte Köstlichkeiten aus aller Welt wie indische Samosas oder russische Wareniki.

Geöffnet täglich von 17 bis 2 Uhr
Live-Musik oder DJ

26°EAST, SCHOTTENRING 26, 1010 WIEN
26east.bar@kempinski.com | www.26east.at | +43 1 236 1000 8088

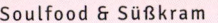

Brass Monkey

📍 Gumpendorfer Str. 71
1060 Wien

📞 0660 283 28 09

🕐 Mo – Fr 7.30 – 19.30
Sa 10.00 – 19.00
So 11.00 – 19.00

📘 www.facebook.com/
BrassMonkeyVienna

Die Bar für Süßkram

Süßigkeiten hin oder her: Das Brass Monkey ist kein pinker Mädchen-Traum, sondern erinnert eher an eine lässige Bar irgendwo am Mittelmeer. Kein Wunder, kommt die junge Besitzerin ja auch aus Griechenland. Und dass Athina eigentlich Architektur studiert hat, sieht man auch: großer Holztisch, witzige Lampen-Konstruktion und eine schicke Budel aus spanischen Fliesen. Zum Essen gibt's vor allem Cupcakes, die schmecken richtig „home made" und vor allem (danke!) nicht zu süß. Getrunken wird hier heiße Schoko und Kaffee. Unbedingt als Frappé probieren!

📍 Zentrale:
Neustiftgasse 23
1070 Wien

🕐 Mo – So 11.00 – 23.00

🌐 www.veganista.at

Veganista

Im Sommer muss es Eis sein

Alles pflanzlich: Die erste rein vegane Eisdiele Wiens startete im 7. Bezirk, mittlerweile sind schon fünf Eisläden dazugekommen. Zwei Schwestern, die sich vor über 20 Jahren der pflanzlichen Ernährung verschrieben haben, servieren hier Kühles ohne Tierisches, ohne Farbstoffe und ohne künstliche Aromen. Die Kreationen in den feschen, bunt gefliesten Eisdielen basieren auf Soja-, Hafer- und Kokosmilch, geschmacklich verfeinert mit Basilikum, Obst oder Pekannuss (lecker!). Wer den Becher beim nächsten Mal zurückbringt, bekommt als Recyclingbonus eine Kugel gratis!

Crème de la Crème

So klein, so fein, so wunderbar

Dass Julia Wojta ganz wunderbare Kuchen machen kann, wissen wir ja schon, seit sie unter dem Label „Julie Pop Bakery" die besten Cake Pops der Stadt fabrizierte. Jetzt aber hat sich die Süßmamsell einen Traum erfüllt und uns das schönste Kleinod Wiens geschenkt. Elegant in Grün-, Gold- und Cremetönen möbliert, mit zarten Pflanzen und witzigen Lustern dekoriert: Genau so muss eine Konditorei heute aussehen! Die Kuchen sind sowieso ein Traum (diese Schokomousse-Kugeln!) – und frühstücken kann man auch ganz wunderbar, das selbstgebackene Brot stammt von der Mama. Das ist jetzt unsere Lieblings-Patisserie!

Lange Gasse 76
1080 Wien

0660 283 37 69

Di – Fr 9.00 – 18.00
Sa, So 10.00 – 17.00

cremedelacreme.at

⊙ Albertgasse 17
1080 Wien

🕐 Mo – Fr 10.00 – 19.00
Sa & So 10.00 – 18.00

🌐 cupcakes-wien.at

CupCakes Wien

Kleine Küchlein, große Liebe

Renate Gruber sollte man einen Orden verleihen: Sie war nicht nur die erste professionelle Cake Designerin Österreichs, sie brachte auch als erste Cupcakes nach Wien. In ihrem rosa-weißen Wonderland in der Albertgasse kann man durch eine Glaswand in die Backstube sehen, wo laufend die kleinen Kunstwerke entstehen: Küchlein mit Heidelbeercreme, mit Kokos-Topping oder Vanille-Zitronen-Häubchen. Täglich werden bis zu 20 verschiedene Cupcake-Sorten hergestellt. Die kann frau dann glücklich nach Hause tragen oder an einem Tischchen vor Ort verzehren – im Sommer auch im Garten.

Zuckerkringel Kekswerkstatt

Der nette Grätzltreff

Die Auswahl ist meist nicht sehr groß, aber wer „echte" Kuchen ohne viel Schnickschnack liebt, ist hier richtig! Im Cafe der begeisterten Bäckerin Doris Shanker kommen die Rezepte nämlich von der Konditorinnen-Oma der Inhaberin. So finden sich unter den Glasstürzen klassischer Gugelhupf, Linzerkekse oder saftiger Kirschkuchen. Das geräumige, gänzlich unkitschige Lokal ist hübsch mit Vintage-Möbeln dekoriert. Und auch der Kaffee kann was: Er stammt aus der Freistädter Rösterei Suchan und ist wie die Kuchen bio. Angeschlossen ist übrigens auch eine Kekswerkstatt für Back-Workshops.

📍 Gentzgasse 127
1180 Wien

📞 0676 339 19 88

🕐 Mi – So 10.00 – 18.00

📘 facebook.com/
zuckerkringel.
kekswerkstatt

und manchmal braucht eine Frau nichts anderes als ein neues Paar Schuhe

www.schuhefuerfrauen.at

Schuhe für Frauen, Kirchengasse 28, 1070 Wien

Mutter-Tochter Tag

Stephansplatz 9
(Eingang um die Ecke)
1010 Wien

(01) 53 40 50

Mo – So 6.30 – 22.00

www.hotelam
stephansplatz.at

Aragall

Stephansplatz, erste Reihe fußfrei

So was nennt man Geheim-Tipp! Das Aragall liegt am meistfrequentierten Platz der Stadt – und dennoch kennt es kaum jemand. Das kleine Café befindet sich nämlich prominent mitten am Stephansplatz, aber abgehoben vom Getümmel im ersten Stock des „Hotel am Stephansplatz". Die Außenwände des (für jedermann zugänglichen) Cafés sind bis zum Boden verglast und bieten einen spektakulären Ausblick: Man sitzt genau gegenüber vom Riesentor des Doms und überblickt aus luftiger Höhe – bei Snacks, Kuchen und kleinen warmen Speisen – das trubelige Herz der Stadt. Das gefällt der Mama sicher!

Salonplafond

Fesch im Museum

Allein der Raum ist eine Herausforderung: Das Restaurant im MAK ist bekanntlich ein riesiger Saal mit pompöser Decke. Doch mit seiner Mischung aus elegantem Sixties-Style, wunderschönen Josef Frank-Stoffen und witzigen Details wirkt der „Salonplafond" beinahe gemütlich. Vom Frühstück über schnelle Snacks, Bowls und Kuchen untertags bis zum aufwendigen Dinner ist das fesche Lokal an sieben Tagen die Woche ein Ort für Mütter, Freundinnen und Töchter. Selbst große Damenrunden finden hier Platz. Und im Sommer ist der versteckte Garten mit seinen Liegestühlen eine richtige Oase.

Im MAK
Stubenring 5
1010 Wien

(01) 226 00 46

Mo – Fr 10.00 – 24.00
Sa – So 9.00 – 24.00

salonplafond.wien

Burggarten 1
1010 Wien

(01) 533 10 33

Mo – Fr 10.00 – 24.00
Sa 9.00 – 24.00
So 9.00 – 23.00

www.palmenhaus.at

Palmenhaus

Auf Kaisers Spuren

Früher war das mal das private Glashaus von Kaiser Franz Josef II, nun tummeln sich hier Touristinnen und Wienerinnen ohne Zahl. Die phantastische Glas-Stahl-Architektur der Jahrhundertwende ist aber auch zu schön! Im Palmenhaus gleich hinter der Albertina lässt es sich wunderschön frühstücken, bei Kaffee und Kuchen plauschen oder beim Late Night Dinner einen Mutter-Tochter-Tag beenden. Innen sitzt man auf gemütlichen, roten Lederbänken unter riesigen Palmen, draußen im schönsten Schanigarten der Innenstadt. Bei Sonnenschein oder Sternenglanz also unbedingt raus auf die riesige Terrasse mit Blick auf den Burggarten!

Minoritenplatz 5
1010 Wien

(01) 533 52 81

Mo – Fr 11.30 – 13.30

www.andiwojta.at

Minoritenstüberl

Der Fernsehkoch und sein Mittagsrevier

Als Mutter-Tochter-Gespann den Fernsehkoch besuchen? Geht in Wien ganz einfach! Man muss nur das Minoritenstüberl, die (für jedermann zugängliche) Kantine des Unterrichtsministeriums, besuchen. Rein ins Palais und gleich neben dem Tor rechts runter ins Souterrain. Die meisten kennen Andi Wojta als TV-Koch-Star aus der ORF-Serie „Frisch gekocht", aber in seiner Kantine steht der Herr Wojta jeden Mittag selbst hinter dem Tresen – frappierend herzlich und bodenständig. Und Himmel, schmeckt's hier gut! Die Fleischpalatschinken ein Gedicht, die Wurstfleckerl ein Erlebnis. Echte Wiener Küche auf Gourmet-Niveau – zu Kantinenpreisen!

Hummel
CAFÉ . RESTAURANT . BAR

... und jetzt

seit 1935 ...

Kommen Sie Hummeln...

... und verbringen Sie Zeit mit Ihren Freundinnen bei einem gemütlichen Gläschen auf unserer Sonnenterasse.

Das Café Restaurant Hummel im Herzen der Josefstadt ist bereits seit 1935 im Familienbesitz und wird heute in dritter Generation von Christina Hummel geführt. Als Genusscafé sehen wir uns verpflichtet, die Traditionelle Wiener Kaffeehauskultur sowie die österreichische Hausmannskost zu bewahren, und zeitgemäß mit modernen Akzenten weiterzuführen.

Christina Hummel und ihr Team
freuen sich auf Ihren Besuch

Café-Restaurant Hummel
Josefstädter Straße 66, 1080 Wien
www.cafehummel.at

Conditorei Sluka

Zeitreise ins vorige Jahrhundert

Damit kann man eindeutig jede Mama und jede Oma beeindrucken! Der einstige k. und k. Hoflieferant Sluka hat seinen süßen Ableger in der Kärntner Straße erweitert – und beim Renovieren durch Zufall einen Schatz entdeckt. Im hinteren Trakt des Cafes (also unbedingt an den ersten Vitrinen mit Vanilleschaum- und Nougat-Träumen vorbeimarschieren) tauchten unter Gipsplatten stuckverzierte Gewölbedecken und opulente Dachverglasungen auf. Nun kann man also inmitten der Architektur-Juwele aus 1922 eine der vielen Sluka-Torten oder Pasteten genießen und sich feudal in die roten Polsterbänke lehnen.

Kärntner Straße 13-15
1010 Wien

Mo – Sa 8.30 – 19.00
So 10.00 – 18.00

www.sluka.at

Favoritenstraße 25
1040 Wien

(01) 503 63 11

Mo, Di, Sa 11.00 – 17.00
Mi – Fr 11.00 – 21.00

www.opocensky.at

Opocensky

Feinkost-Oase mit feinköstlichem Essen

Eigentlich ist das hier ja eine Edelgreißlerei: Beim Opocensky gibt's seltene Schinken und Würste, gut gereifte Käse, feine Pestos, aber auch Gemüse und Bio-Fleisch zu kaufen. Perfekte Beratung inklusive. Man kann vor Ort aber auch gleich essen! Da sitzt man dann an weiß gedeckten Tischen neben riesigen Parmaschinken, die malerisch von der Decke baumeln und genießt köstliche Suppen und Salate, delikate Tomaten-Auberginen-Linguine oder Lammkrone mit Thymiankartofferln. Der Feinkostladen würde gut in den 1. Bezirk passen, hier zwischen U-Bahnstation und neuem Hauptbahnhof ist er eine echte Entdeckung!

Servitengasse 12
1090 Wien

(01) 315 70 80

Mo – Fr 7.00 – 18.30
Sa 7.00 – 13.00

Konditorei Bürger

Romantisch und verführerisch

Es gibt Plätze in Wien, da stimmt einfach alles. Die Atmosphäre, die Umgebung und die Tatsache, dass die Zeit ein klein wenig langsamer vergeht als im Rest der Welt. Die Konditorei Bürger im romantischen Servitenviertel ist so ein glücklichmachender „Hide-Away". Genau gegenüber der Servitenkirche gelegen (was im Sommer einen reizenden Schanigarten ergibt), kann man dank Samtstühlen und Marmortischchen in eine andere Welt eintauchen. Versüßt wird der Zustand durch die herrlichen Kuchen, Plunder und Schnitten von Frau Bürger. Also nicht wundern, wenn man hier einfach mal die Welt vergisst!

Wittegasse 2
1130 Wien

0676 6463703

Di – Fr 9.00 – 18.00
Sa 9.00 – 14.00

www.teenorissimo.eu

Teenorissimo

Kleines Reich, großer Charme

Mal eine ausgefallenere Idee für einen Mutter-Tochter-Tag: ein Ausflug in das entzückendste Teehaus von Wien. Wobei „Häuschen" für das kleine Reich von Sandy Pinderak vielleicht zutreffender wäre. Sandy kommt eigentlich vom Ballett, ihre zweite Liebe gilt aber dem Tee. Im Erdgeschoß werden daher ausgesuchte Teesorten verkauft, auf der kuschligen Galerie, die man über eine steile Holztreppe erreicht, stehen vier Tischchen, an denen man frühstücken, tratschen oder stilecht den Five o'clock Tea nehmen kann. Da passt, dass alles ganz in Weiß im Landhaus-Stil gehalten ist. So nett!

Oktogon am Himmel

Himmelstraße 125,
Ecke Höhenstraße
1190 Wien

Tel. (01) 328 89 36

Mi – Fr 12.00 – 22.00
Sa, So 11.00 – 22.00

www.himmel.at

Ausflug mit Blick auf die Stadt

Rosensträucher, der Blick über sanft absteigende Weinberge in den dunstigen Himmel über Wien und die Luft ein bissl frischer als unten in der Stadt – „am Himmel" ist schon ein ganz besonderes Plätzchen im Wienerwald. Passt perfekt für einen Tag mit Ausflugs-Feeling, vor allem da das Oktogon für die richtige Verpflegung sorgt. Das achteckige, hölzerne Restaurant ist rundum voll verglast und liegt wunderschön mitten in der Natur. Und man kann hier nett essen und trinken – vom Frühstück am Wochenende (da sollte man unbedingt reservieren) bis zum Glaserl Himmelwein, der vor der Terrasse wächst.

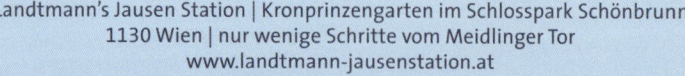

Glückliches Gemüse
& Lustige Körner

yamm!

Metropolen-Feeling mit Grünzeug

Ein Veggie-Hotspot mit der Einrichtung einer trendigen Londoner Ess-Bar: Das yamm! ist überraschend groß, wunderbar luftig und trotz des eleganten Interieurs ein Selbstbedienungs-Restaurant. Heißt: Alles selbst aussuchen am stylishen Buffet und auf eine Karte buchen, die man am Eingang erhält. Die Küche liefert laufend 40 warme und kalte vegetarische Gerichte, man schaufelt sich so viel man will auf den Teller und zahlt an der Kassa. Am Morgen geht's mit Frühstück los, von mittags bis abends wird Gesundes von Karfiol in Curcumafond über Seitan-Wok bis Linsen-Curry geboten. Ausprobieren!

📍 Universitäts-Ring 10
   1010 Wien

📞 (01) 532 05 44

🕐 Mo – Sa 8.00 – 23.00
   So 9.00 – 15.00

🌐 www.yamm.at

12 Karma Food

Gesundes Essen, das prima schmeckt

Begonnen wurde mit einem kleinen Deli in Klosterneuburg, mittlerweile eröffneten Simone und Adi schon ihr viertes Projekt für gesundes, schnelles und vor allem nachhaltiges Bio-Essen. Das jüngste Lokal ist ein Breakfast- und Lunch Hotspot gegenüber der WU, der auch über einen reizenden Garten verfügt. Serviert werden nährstoffreiche Currys, Suppen und gschmackige Karma Bowls – und in der Speisekarte erfährt man gleich, was das Essen bewirkt. Die Masala-Beef Vollkornlasagne liefert Kalzium und Eisen, das Erbsen-Minz-Gemüse Curry senkt den Cholesterinspiegel. Also: Good Vibes und Karma!

📍 Ausstellungsstraße 63/2
1020 Wien

📞 0676 914 80 12

🕐 Mo – Fr 9.00 – 17.00
Sa 9.00 – 15.00

🌐 12.co.at

hiddenkitchen Park

📍 Invalidenstraße 19
1030 Wien

📞 (01) 971 60 93

🕐 Mo – Fr 8.30 – 17.00
Sa 9.00 – 14.00

🌐 www.hiddenkitchen.at

Wo das Mittags-Glück wohnt

Wenn es die hiddenkitchen nicht gäbe, müsste man sie erfinden. Also danke an Julia Kutas, dass sie das für uns erledigt hat. Sie hat den Ort des kulinarischen Mittags-Glücks sogar gleich doppelt erschaffen, einmal in der Altstadt und dann – noch schöner – nahe Wien Mitte. Dort ist's sympathisch relaxed: geräumig, große Fenster mit Stadtpark-Blick und hipper Möbel-Mix. Auf der langen Theke stehen bunte Emaille-Töpfe mit täglich wechselnden Köstlichkeiten wie Lammbällchen oder Kichererbsen-Tajine mit Quitten, dazu jede Menge wirklich ungewöhnlicher Salat-Kreationen. Schmeckt toll, geht schnell, ist gesund!

📍 Landstraßer Hauptstr. 14-16
1030 Wien

📞 (01) 710 60 36

🕐 Mo – Fr 8.00 – 21.00
Sa 9.00 – 21.00

🌐 www.miavia.com

MiaVia

Genuss, Beauty und Gesundheit

Gibt's in Wien eher selten: ein Day Spa mit Restaurant. Oder ist es umgekehrt? Jedenfalls heißt es im chicen MiaVia „True Beauty, True Food, True Helath". Das auf Clean-, Raw- und Lowcarb-Eating spezialisierte Bio-Lokal präsentiert sich hell, urfesch und skandinavisch. Und ja, gemütlich ist es da. Serviert werden nur supergesunde Speisen, die richtig gut schmecken. Etwa die Curry- und Green-Quinoa-Bowls, die Wurzel-Gemüsemedaillons oder die Sous-Vide-gegarten Fischgerichte. Frühstück (leckere Buchweizen-Blinis!) wird den ganzen Tag angeboten, Mittag- und Abendessen gibt's auch. Und Samstag wird gebruncht!

📍 Paniglgasse 22
1040 Wien

📞 0676 3669319

🕐 Mo – Fr 8.00 – 18.00
Sa 9.00 – 15.00

🌐 mrandmrsfeelgood.at

Mr. & Mrs. Feelgood

Eat smart, feel good

Die gesunde Alternative zur Wurstsemmel: Mr. Feelgood (er leitete früher mal das „Cafe Français") will zeigen, dass ein schnelles Frühstück oder Mittagessen auch anders geht und setzt in seinem kleinen Lokal voll auf Healthy Food. Da werden täglich energiereiche Suppen, Currys und Salate produziert, alles laktosefrei, vieles vegetarisch, manches vegan – zum Mitnehmen oder Da-Essen (im Sommer auch auf der Terrasse). Gerichte wie Süßkartoffel-Lasagne oder Geschmorter Fenchel mit Reis klingen ganz schlicht, sind aber große Fröhlichkeitsspender. Tipp: Unbedingt den Cheesecake probieren!

Rauch Juice Bar

Freche Früchtchen frisch gepresst

Von außen elegant, innen stylish und ganz grundsätzlich enorm gesund! Der Fruchtsaft-Hersteller aus dem Ländle versorgt die Wienerinnen mit Vitamin-Spritzen der besonderen Art. In der geräumigen Bar in der Neubaugasse, in der man auch nett sitzen kann, werden frischeste Früchte und Gemüse „live" zu schmackhaften Juices, Smoothies und Shakes verarbeitet. Kreative Kombinationen wie Adonis (mit Karotte, Granatapfel, Orange, frischem Koriander) oder der Muntermacher Ingwer Shot (stärker als jeder Espresso) schmecken köstlich. Und wer auch Hunger hat, bekommt dazu warme Sandwiches.

Neubaugasse 13
1070 Wien

Mo – Fr 8.00 – 18.30
Sa 9.00 – 18.30
So 11.00 – 18.30

www.rauchjuicebar.cc

LASS DIE ALGEN KRACHEN!

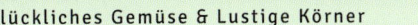

Kräuterdrogerie

Nicht nur für Kräuterhexen

Die Kräuterdrogerie von Anda Dinhopl ist ja an sich schon einen Besuch wert: nicht nur wegen der schönen, alten Einrichtung, sondern weil hier viele weise Frauen am Werkeln sind. Und weil Gesundheit ganz viel mit Ernährung zu tun hat, bieten die Ladies auch ein Mittagessen an. Natürlich ein spezielles – vollwertig, fleischlos, meist bio, oft ayurvedisch. (Von der Kräuterdrogerie stammt auch das beste Kochbuch zum Thema: „Gesund genießen mit Ayurveda"!) Man sitzt also an ein paar Tischen inmitten von Tees und Salben und schnabuliert Gemüsekuchen oder kreative Salate. Nährt auch die Seele!

Kochgasse 34
1080 Wien

(01) 405 45 22

Mo – Fr 9.00 – 18.00
Sa 9.00 – 13.00
(Essen nur Mo – Fr
Mittag)

kraeuterdrogerie.at

deli bluem

📍 Hamerlingplatz 2
   1080 Wien

📞 (01) 89 00 449

🕐 Mo – Mi 8.00 – 19.00
   Do, Fr 8.00 – 22.00
   Sa, So 9.00 – 18.00

🌐 www.delibluem.com

Vegane Küche, erquicklich elegant

Ja, hier sieht es sehr chic aus! Ex-Bankmanagerin Andrea Vaz-König kocht nicht nur gerne gesund, sie mag auch schöne Dinge. Das merkt man: Das deli bluem ist eine Augenweide – und die Speisekarte macht auch Spaß. Vom Frühstück bis zum Abendessen gibt es nur pflanzliche Gerichte, die vorwiegend aus Bio-Zutaten hergestellt werden. Kreativ: Melanzani mit Safranjoghurt und Granatapfel oder Rotkohl mit Datteln. Gibt's alles auch als Take Away. Donnerstag und Freitag wird übrigens zum After Work Tapas & Dinner geladen.

Hollerei

Schönes Gasthaus
mit vegetarischem Essen

📍 Hollergasse 9
1150 Wien

📞 (01) 892 33 56

🕐 Mo – Fr 11.00 – 23.00
Sa 9.00 – 23.00
So 9.00 – 15.00

🌐 www.hollerei.at

Die Hollerei gibt's gefühlt schon ewig. Dennoch hat sich der Vorreiter der vegetarischen Restaurants in Wien seine Jugendfrische erhalten. Das nette Lokal mit seinen holzvertäfelten Wänden und dem hübschen Garten ist bekannt für seine qualitätsvolle Küche. Mittags werden Menüs zu moderaten Preisen serviert, am Abend liest sich die Speisekarte wie ein Multikulti-Kochbuch. Die Samosas sind indisch inspiriert, Momos kommen aus Nepal, das Thai Curry findet sich neben dem Bärlauch-Risotto. Der Klassiker hier ist übrigens ein Polentasalat mit knusprigem Räuchertofu!

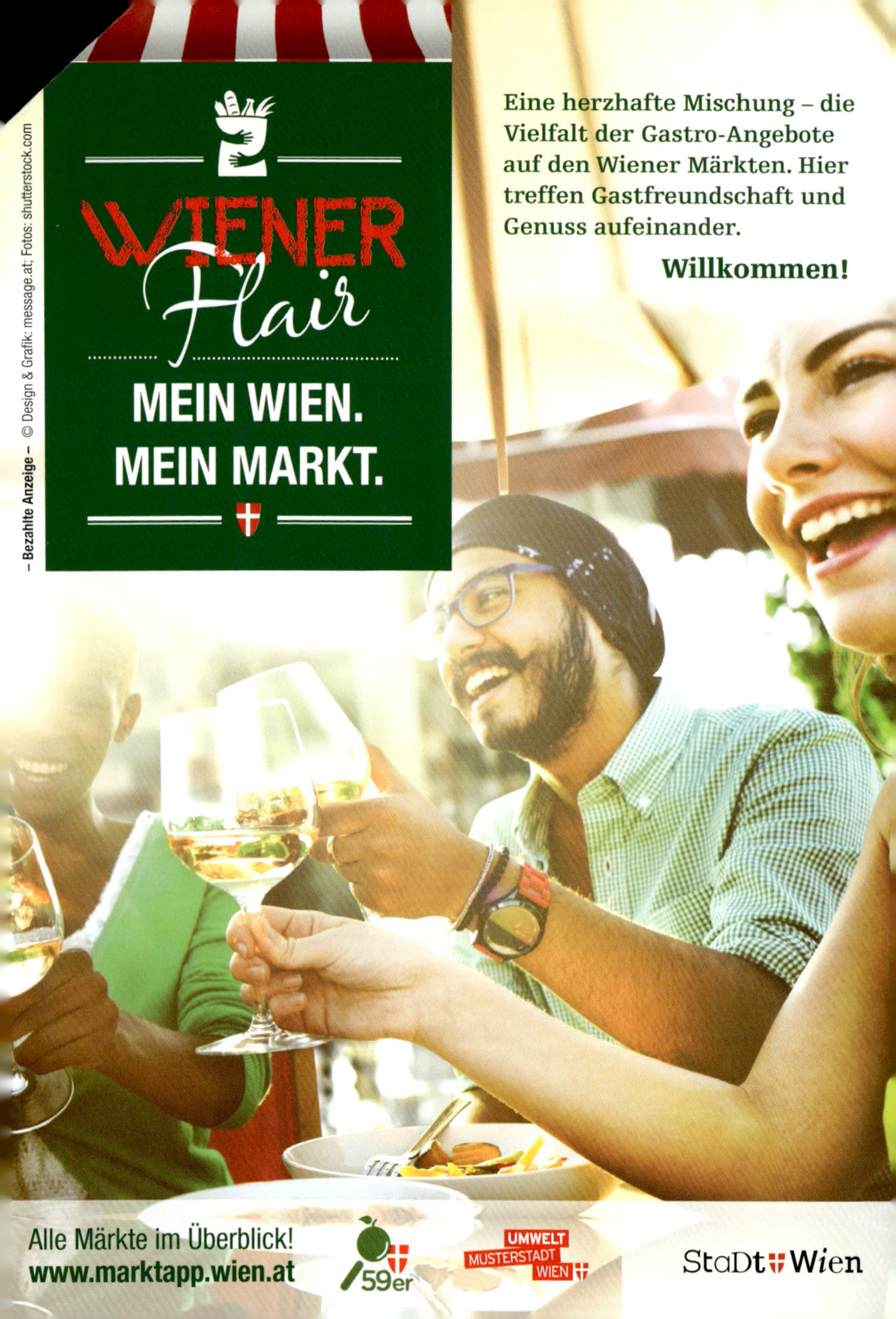
– Bezahlte Anzeige – © Design & Grafik: message.at; Fotos: shutterstock.com
WIENER
Flair
MEIN WIEN.
MEIN MARKT.
Eine herzhafte Mischung – die Vielfalt der Gastro-Angebote auf den Wiener Märkten. Hier treffen Gastfreundschaft und Genuss aufeinander.
Willkommen!
Alle Märkte im Überblick!
www.marktapp.wien.at
59er
UMWELT
MUSTERSTADT
WIEN
StaDt Wien

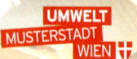

Auf Weltreise in Wien

Hoher Markt 5
1010 Wien

(01) 890 45 64

Mo – Sa 11.30 –16:30

www.facebook.com/
midi.le.petit.deli

Midi

Das kleine Deli aus Paris

„Le petit deli" ist wirklich très jolie! Ein kleines Stück Paris mitten im Ersten: nett zum Anschauen mit dem vielen hellen Holz und den witzigen Fliesen, und wunderbar zum Essen. Die beiden sympathischen Besitzer, natürlich stilgerecht in Ringel-Shirts gekleidet, verstehen was von französischer Küche und servieren täglich zwei oder drei authentische Gerichte (auch vegetarische), sodass man zu Mittag ruckizucki Coq au Vin (hmmm) oder Quiche speisen kann. Unkompliziert, modern, gschmackig. Und nachmittags bitte ein Zitronen-Tartelette mit Baiser! Ach ja, und kinderfreundlich ist man hier auch!

In-Dish

Soulfood mit Twist

An den Wänden hängen klassische Bollywood-Filmposter, auf den Tellern aber landet indische Küche neu interpretiert. Der charmante Junior-Chef Sufian, in Zell am See geboren, am Modul ausgebildet und dann nach London ausgeflogen, um Gastro-Erfahrung zu sammeln, bringt indisch-kosmopolite Dishes in die Stadt. Auf der Karte steht Ungewöhnliches wie der „OMG Butter Chicken Burger", „Biryani Tikka Sushi" (ja, echt!), raffiniert gewürzte „Gunpowder"-Stampfkartoffeln oder ein Tiramisu mit Chai und Rosenblüten. Super Soulfood und sehr aufmerksamer Service!

Schwarzenbergstr. 8
1010 Wien

(01) 941 28 01

Mo–Sa 11.30 –14.30,
17.00 – 22.00

in-dish.at

Elissar

📍 Johannesgasse 27
1010 Wien

📞 (01) 512 82 82

🕐 Mo-Fr, So 11.00 – 23.00
Sa 11.00 – 24.00

🌐 www.elissar.at

Supergirl aus Karthago

Die libanesische Küche gilt als die beste des Nahen Ostens – wer es nachprüfen will, hat den perfekten Platz dafür in Wien. Im chic eingerichteten Restaurant Elissar mit dezentem orientalischen Touch (diese Fliesen!) wird prächtig aufgetischt. Tabouleh, Hummus und Falafel kennt man ja noch, bei Baba Ghanoush, Maanek und libanesischer „Pizza" beginnen die kulinarischen Abenteuer. Am besten man kommt in der Gruppe, bestellt viele kleine Speisen und kostet sich durch diesen köstlichen Kosmos. Benannt ist das Lokal übrigens nach der cleveren Heldin Elissar, die Karthago gründete. Gleich noch ein Grund, hinzugehen ;-)

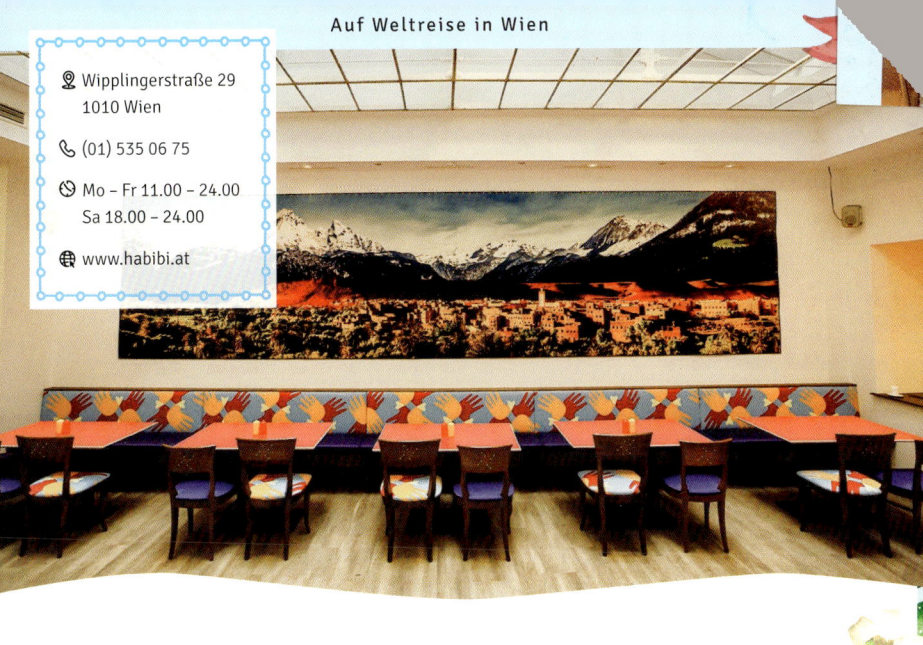

Wipplingerstraße 29
1010 Wien

(01) 535 06 75

Mo – Fr 11.00 – 24.00
Sa 18.00 – 24.00

www.habibi.at

Habibi & Hawara

Make Menschlichkeit great again

Die Idee hinter diesem Lokal ist so schön, dass man sowieso hingehen müsste. Unter der Leitung erfahrener Gastronomen betreiben Flüchtlinge gemeinsam mit WienerInnen ein Restaurant. Doch die Realität hat die Idee noch übertroffen! Das originell möblierte Habibi ist ein hoch sympathisches Restaurant mit köstlicher Küche. Mittags gibt's reichhaltiges Buffet, am Abend das Family Dinner: Platten voll mit orientalischen und österreichischen Spezialitäten. Fattoush, Gulasch und das beste Humus in town. Wiener Schmäh trifft auf arabische Gastfreundschaft! Und auch große Mädelsgruppen werden hier gern gesehen.

Mochi

Stylish essen mit Suchtfaktor

Schwelg! Am Mochi (sprich: Motschi) ist einfach alles großartig. Die Einrichtung: schwarze Wände, pure Holztische, als einziger Schmuck eine stylishe Bar, die sich durchs ganze Lokal windet. Der Service: selbst im ärgsten Trubel so was von nett, dass man es kaum glauben kann. Zumindest nicht in Wien. Und das Wichtigste: eine japanisch inspirierte Küche, witzig und gschmackig, die einfach begeistert. Toll: Spießchen vom Robata-Grill, Butterkrebse, Lachs Sashimi mit Trüffel-Mayo. Einen Tisch zu bekommen, ist hier nicht immer einfach – da muss frau sich eben durchsetzen ;-)

Praterstraße 15
1020 Wien

(01) 925 13 80

Mo – Sa 11.30 – 22.00
Reservieren!

www.mochi.at

📍 Barnabitengasse 6
1060 Wien

📞 (01) 581 28 40

🕐 Mo 12.00 – 19.00
Di, Mi 10.00 – 19.00
Do, Fr 10.00 – 20.00
Sa 10.00 –18.00

🌐 rosmarin.wien

rosmarin

Griechisch essen im Delikatessenladen

Es muss ja nicht immer Feta und Olivenöl sein! Elina Georgosopoulou zeigt in ihrem entzückenden Delikatessen-Laden, was Griechenland sonst noch zu bieten hat: Rebspitzen etwa, Meeresfenchel, Bottarga und Kritharaki. Alle Produkte werden von der sympathischen Chefin persönlich ausgesucht und stammen von kleinen griechischen Manufakturen. Wer will, kann vor Ort auch gleich probieren und essen: Neben griechischem Frühstück (in mehreren Varianten), das es den ganzen Tag gibt, serviert Elena einfache Speisen wie warme Pitas, Salate sowie ein wechselndes Mittagsgericht. Richtig nett ist das hier!

📍 Webgasse 3
   1060 Wien

📞 (01) 5956 127

🕐 Mo – So 11.00 – 15.00,
   18.00 – 23.00

🌐 nam-nam.at

Nam Nam

Witziges Ambiente, liebevoller Service

Nein, so sehen indische Restaurants üblicherweise nicht aus! Das Nam Nam ist eben anders: Statt Ethno-Kitsch finden sich witzig-lässige Murals des Star-Cartoonisten Tex Rubinowitz an den Wänden, und modern-pastellige Lampen setzen Akzente im zurückhaltend möblierten, luftigen Restaurant. Vor allem aber wird wunderbar gekocht. In Jatinder Kumars Nam Nam gibt's auf den Tellern statt „nur scharf" den Reichtum der indischen Gewürze. Die Currys sind alle empfehlenswert, Huhn in Kokos-Chili Sauce schmeckt köstlich, die Chutneys zur Vorspeise (Tipp: Tamarinden-Chutney!) delikat.

Yak + Yeti

Buddha im Garten

Ein verstecktes Paradies in einem früher mal langweiligen Innen-
hof: Das ist der Garten des nepalesischen Restaurants Yak+Yeti.
Zwischen den Bäumen hängen Gebetsfahnen vom Himalaya,
vor den Tischen stehen buddhistische Gebetsmühlen und Stupa-
Steine. Innen im Restaurant geht es einfach zu, aber unglaublich freundlich. Gekocht wird original Nepalesisch:
Dal Bhat, Momos und unter der Woche ein Mittags-Buffet
zum (super)günstigen Preis mit Reis, Linsen, Fleisch und
Gemüse. Auch die traditionellen Feste vom Himalaya
werden hier gefeiert, besonders schön: Tihar, das Fest
des Lichts, bei dem speziell Frauen geehrt werden.

📍 Hofmühlgasse 21
1060 Wien

📞 (01) 595 54 52

🕐 Mo – Fr 11.30 – 14.30,
18.00 – 22.30
Sa 11.30 – 16:00,
18:00 – 22.30

🌐 www.yakundyeti.at

📍 Burggasse 50
1070 Wien

📞 0664 5970376

🕐 Mo – Mi 11.30 – 15.00
Do, Fr 11.30 – 21.30

🌐 www.sibels.at

Sibel's

Hausmannskost von der herzlichen Chefin

Ihre zwei Esel musste das türkisch-österreichische Gastro-Ehepaar Sibel und Christian leider in der Südtürkei zurücklassen, dafür haben sie jede Menge Gewürze und Hausmannskost-Rezepte mitgebracht. Die kommen nun in ihrem kleinen Bistro Sibel's in der Burggasse zum Einsatz. Zwischen bunten Bistro-Tischen und Orient-Lustern wird in der offenen Küche täglich frisch aufgekocht. Zum Beispiel „Schöne-Braut-Suppe", Lorbeer-Gulasch oder Süßer Kürbis mit Tahini und Nüssen. Sehr gschmackig! Auf der Karte stehen auch vegetarische und vegane Gerichte – und das selbstgebackene Urkornbrot sollte man unbedingt kosten.

⊙ Spitalgasse 3
   1090 Wien

📞 (01) 402 43 65

🕐 Di – Sa 11.00 – 24.00

🌐 www.home-cafe.at

home café

Willkommen in Island

Und wieder mal eine Liebesgeschichte: Fotografin aus Liechtenstein verliebt sich in Island in eine Lehrerin und nach drei Jahren im Norden beschließen sie, mit ihren Töchtern nach Wien zu ziehen und ein Lokal zu eröffnen. Glücksfall für uns, denn das home café ist genauso originell wie Island: hoch sympathisch, witzig und immer ein bissl improvisiert. In einem wilden Durcheinander aus Vintage-Sofas, Resopal-Tischen und gestickten Kitsch-Bildern wird in allen Sprachen geplauscht und mächtig lecker gegessen – viel Fisch (logo) und köstliches Brot (bäckt ein tätowierter Bär). Supernettes Lokal von supernetten Frauen!

ENDLICH FEIERABEND

Jetzt mit Bedienung.
Jeden Tag, den ganzen Tag.

www.ströck-feierabend.at

Die große
Mädelsrunde

Erdbergstraße 21
1030 Wien

(01) 7120151

Di – Fr 11.00 – 23.00
Sa 9.00 – 23.00
So 9.00 – 20.00

www.gustl-kocht.at

Gustl kocht

Viel Platz im schönen Gasthaus

In einer Zeit, in der jedes neue Lokal mit Vintage-Möbeln und rohen Wänden daherkommt, überrascht der Gustl mit dem Gegenteil. Sein feines, helles Gasthaus ist von der Theke über den gemauerten Ofen bis hin zu den Lampen und Bücherregalen liebevoll durchgestaltet. So viel Aufmerksamkeit ist man als Gast ja kaum noch gewöhnt! Beim Essen die nächste Überraschung: Wirtshausküche (mit kräftigem Osteuropa-Einschlag) in einer glorreichen Qualität. Alles bio, alles gschmackig, 6 Tage die Woche. Und weil hier viel Platz ist, sind auch größere Damenrunden kein Problem!

Lingenhel

📍 Landstraßer Hauptstr. 74
1030 Wien

📞 (01) 710 15 66

🕐 Mo – Sa 8.00 – 22.00

🌐 www.lingenhel.com

Séparée mit Chef's Table

Manchmal möchten Mädels beim Essen gern mal unter sich sein. Einer der ungewöhnlichsten Orte dafür in Wien findet sich beim Herrn Lingenhel. Der hat in einem aufwendig renovierten Biedermeierhaus (hier residierte einst Marie von Ebner-Eschenbach) die erste Käserei der Stadt gegründet, eine Delikatessen-Greißlerei der Extraklasse verwirklicht und ein Restaurant hingestellt, in dem man vom selbst gemachten Büffelmozarella bis zur Hendlbrust nur schwelgen kann. Im eigenen chicen Séparée mit Blick auf die Käserei sitzt man an einem großen Tisch, gegessen wird elegant in herzlicher, ganz unkomplizierter Atmosphäre. Fein!

📍 Naschmarkt Stand 510
1060 Wien

📞 (01) 5858 20 20

🕐 Mo – Sa 8.00 – 23.00

🌐 neni.at/restaurants/
naschmarkt/

Neni am Naschmarkt

Mittendrin im pulsierenden Marktleben

Neni am Naschmarkt bedeutet: das coolste Lokal am Markt, licht-durchflutet, zweistöckig – und immer rappelvoll. Das Flagship des wachsenden Molcho-Imperiums (auch genannt: Haya und ihre Buam) ist bekannt für seine orientalische Weltküche, für Hamshuka, Reuben Sandwich und New York Cheesecake. Und in dem trubeligen Lokal mit den vielen kleinen Tischen gibt's Platz für eine große Mädelsrunde? Ja, weil nämlich genau neben dem „Haupthaus" (auf der anderen Seite der Standl-Zeile) ein Ableger steht – ruhiger, genauso fesch eingerichtet und als Ganzes reservierbar.

Florentin 1090

Der Geschmack von Tel Aviv

Florentin heißt das angesagte Szene- und Schlemmer-Viertel von Tel Aviv – und seit kurzem auch ein nettes Lokal, das kulinarisch-israelisches Flair in die Berggasse bringt. (Ja, früher war hier das Cafe Berg!) Wer kreative Frühstücks-Kombis mag oder auf Shakshua (pochierte Eier in Tomatensauce), gebackenen Karfiol mit Tahini-Basilikum-Sauce und Sum Sum-Salate steht, ist hier genau richtig. Heiter geht es hier zu, gemütlich und manchmal ein bissl chaotisch. Und weil es ein fesches Extra-Zimmer gibt, ist das Florentin auch bestens für Mädelsrunden und Ladiesversammlungen geeignet.

📍 Berggasse 8
   1090 Wien

📞 Tel. 0676 73 55 625

🕐 Mo – So 8.00 – 23.00

🌐 florentin1090.com

Florentin 1090

Der Geschmack von Tel Aviv

Florentin heißt das angesagte Szene- und Schlemmer-Viertel von Tel Aviv – und seit kurzem auch ein nettes Lokal, das kulinarisch-israelisches Flair in die Berggasse bringt. (Ja, früher war hier das Cafe Berg!) Wer kreative Frühstücks-Kombis mag oder auf Shakshua (pochierte Eier in Tomatensauce), gebackenen Karfiol mit Tahini-Basilikum-Sauce und Sum Sum-Salate steht, ist hier genau richtig. Heiter geht es hier zu, gemütlich und manchmal ein bissl chaotisch. Und weil es ein fesches Extra-Zimmer gibt, ist das Florentin auch bestens für Mädelsrunden und Ladiesversammlungen geeignet.

Berggasse 8
1090 Wien

Tel. 0676 73 55 625

Mo – So 8.00 – 23.00

florentin1090.com

Turnhalle im Brick-5

Eines der hipsten Lokale der Stadt

Das Café im Brick-5 verdankt seinen Namen tatsächlich seiner einstigen Funktion – bis 1938 war das hier die Turnhalle des jüdischen Turnvereins „Makabi". Heute wird im gemütlich-stylischen Werkstätten-Loft-Ambiente geschlemmt statt trainiert.

Es gibt saisonale Köstlichkeiten aus der Veggieküche – von Blauschimmel-Zucchini-Weizen bis zu sündigen Torten aus der gosweetbakery. Das Gemüse stammt aus dem eigenen Garten in Niederösterreich! Am Wochenende wird hier übrigens eines der angesagtesten Brunch-Buffets der Stadt aufgefahren. Echt lässig – und an den großen Tischen haben jede Menge Leute Platz.

📍 Fünfhausgasse 5
1150 Wien

📞 0660 2036404

🕐 Mo – So 10.00 – 24.00

📘 www.facebook.com/brick.five/

Czartoryskigasse 190-192
1170 Wien

(01) 479 22 79

Mi – Sa 11.00 – 23.00
So 10.00 – 22.00

www.schutzhaus-
schafberg.at

Schutzhaus am Schafberg

Mit Kaiserzimmer und Lounge-Garten

Manchmal sind die einfachen Dinge im Leben ja netter als alles Aufgebrezelte. In diese Kategorie fällt das Schutzhaus: Das gibt's schon fast 100 Jahre lang und noch immer liegt es mitten in der Kleingartenanlage „Schafbergsiedlung". Die Pächter haben das Haus sanft renoviert und so was wie gehobene Wirtshauskultur in die gastronomisch unterbemittelte Gegend gebracht. Alle Räume sind einzeln reservierbar, auf der Karte stehen bodenständige Gerichte wie Reisfleisch und Rostbraten, zu trinken gibt's tolle Biere und Säfte, der Ofen bullert heimelig – und nach dem Essen geht man am Schafberg spazieren.

📍 Haizingergasse 13
1180 Wien

📞 (01) 382 00 16

🕐 Di – Fr 18.00 – 24.00
Sa 13.00 – 24.00

🌐 www.takans.wien

Takan's

Geheimtipp für Fischliebhaberinnen

Suat Takan betreibt einen wunderbaren Fisch- und Spezialitäten-
stand am Kutschkermarkt und hat die allerbesten Kontakte zu
Fischhändlern. So kommt es, dass in seinem Fisch-Restaurant
nur Allerfrischestes am Teller landet. Ob Branzino aus Wildfang,
patagonische Calamari (mit Ratatouille serviert) oder ein mit
Fischen, Meeresfrüchten und Gemüse überreich gefüllter Vorspei-
senteller – so gut hat's schon lange nicht mehr geschmeckt. Dazu
elegant-fesche Optik und freundlicher Service – hierhin kann
man auch die Mama ausführen. Und genügend Platz für größere
Runden ist auch!

Jussi

📍 Langobardenstr. 121
1220 Wien

📞 (01) 280 11 81

🕐 Mo – Sa 9.00 – 22.30
So + Feiertag 9.00 – 19.00

🌐 jussi.wien

Viel Platz beim Gärtner

Was richtig Originelles! In Stadlau führt die Familie Kalch seit Generationen eine Gärtnerei – die ehemalige Gemüse-halle wurde mittlerweile aber in ein Restaurant umgebaut. Die ungewöhnliche Lage erinnert ein bissl an die Bronx: Der große Gastgarten liegt direkt unter der U2-Trasse, die hier auf Stelzen durchs Gelände führt. Trotzdem sitzt man draußen wirklich idyl-lisch zwischen Hochbeeten und Blütenwundern, der Koch huscht vorbei und pflückt frische Kräuter, die eleganten Teak-Möbel passen zu den Industrie-Betonpfeilern. Und gekocht wird hier richtig gut mit vielen eigenen Produkten!

Ein bisschen
Glamour, bitte!

Grand Étage im Grand Ferdinand

Über den Dächern von Wien

Extrem chic, Wahnsinns-Aussicht und meistens nur für Club-mitglieder: Das Rooftop-Lokal des Ringstraßen-Hotels Grand Ferdinand ist wohl einer der exklusivsten Plätze der Stadt – mit Pool und allem Pipapo. Zugänglich nur für Mitglieder sowie Gäste des Hotels. Die Mitgliedschaft (für ein Jahr) muss schriftlich beantragt werden, ist aber grundsätzlich für Jedermann möglich. An den Sonntagen kann im super stylishen Ambiente aber auch „öffentlich" gebruncht werden und über den Sommer wird „öffentlich" gegrillt und gechillt. Natürlich vom Feinsten nur das Beste und nicht ganz billig – aber man gönnt sich ja sonst nix ;-)

📍 Hotel Grand Ferdinand
Schubertring 10-12
1010 Wien

📞 (01) 91 880

🕐 Mo – So 6.30 – 22.00

🌐 grandferdinand.com/kulinarik/#3

Clementine im Glashaus

Es ist verdammt hart, Prinzessin zu sein

Ein Garten wie aus einer anderen Welt: Rosen-Bäumchen, Wasserspiele, das leise Klappern von Gläsern. Mitten im 1. Bezirk und dennoch komplett losgelöst vom Trubel, ist die Terrasse des Palais Coburg sicher einer der schönsten Plätze von Wien. Mittendrauf: ein Glashaus, das zum Restaurant umgemodelt wurde – und in dem die Preise leistbarer gestaltet sind als im haubengekrönten Gourmetlokal des noblen Palais. In der Clementine setzt man auf Witz und Raffinesse: Vom Frühstück mit Joseph Brot und Porridge bis zum Perlhuhn am Abend. Und Prinzessin Clementine hängt derweil artig an der Wand – sie war die erste Bewohnerin des Palais.

⊙ Hotel Coburg
Coburgbastei 4
1010 Wien

☎ (01) 518 18 130

🕐 Mo – So 7.00 – 23.00

🌐 palais-coburg.com

Park Hyatt Hotel
Bognergasse 4
1010 Wien

(01) 227 40 1236

Mo-So 6.30 – 22.30
Sa, So Frühstück bis 11.30

restaurant-thebank.at

The Bank im Park Hyatt

Für die wirklich eleganten Momente des Lebens

Nobel, nobel! Das Hotel in der ehemaligen Bank Austria Zentrale am Hof ist optisch an Prunk kaum zu überbieten. Marmor, Luster, edle Hölzer soweit das Auge reicht. In der früheren Kassenhalle residiert nun die Brasserie The Bank – und spätestens hier folgt die Überraschung: In all der Nobligkeit geht's richtig sympathisch zu! Von der Empfangsdame bis zum Koch in der offenen Küche begegnet man nur charmanten Menschen. Das Frühstücksbuffet ist wunderbar abwechslungsreich, am Abend wird groß aufgekocht oder am Lavastein gegrillt. Und mittags sind die eleganten Menüs sogar richtig leistbar. So geht entspannter Luxus!

Konstantin Filippou

📍 Dominikanerbastei 17
1010 Wien

📞 (01) 512 22 29

🕐 Mo – Fr 12.00 – 15.00
und 18.30 – 24.00

🌐 konstantinfilippou.com

Haubenküche im noblen Speisezimmer

Drei Hauben und zwei Sterne: Küchen-Avantgardist Konstantin Filippou, halb Grazer, halb Grieche, kreiert täglich neu seinen unwiderstehlichen Mix aus moderner österreichischer Küche mit mediterranem Einschlag. Das liest sich dann so: „Brandade. Amurkarpfen. Grüll Kaviar." Oder „Schweinebacke. Melanzani. Wildkräuter." Und schmeckt auch so, wie sich's liest: puristisch, leidenschaftlich, der reine Geschmack. So viel Grandezza aus der Küche hat seinen Preis. Die Lösung für Feinschmecker-Ladies: Der Business-Lunch zu Mittag ist ein deutlich günstigerer Einstieg in den Gourmet-Himmel.

Unkai
im Grand Hotel

Die dezente Eleganz Japans

📍 Grand Hotel
Kärntner Ring 9
1010 Wien

📞 (01) 515 80 9110

🕐 Di – So 12.00 – 14.30
Mo – So 18.00 – 23.00

🌐 www.unkai.at

Mit dem Lift ins „Wolkenmeer"! So heißt Unkai auf Deutsch – und man erreicht den japanischen Himmel ganz einfach, in dem man im Grand Hotel in den siebten Stock fährt. Dort werden haubengekrönte Sushi und Sashimi serviert oder (ziemlich beeindruckende) kulinarische Shows am Teppanyaki Tisch zelebriert. Das Ambiente: puristisch und lichtdurchflutet – man tafelt unter großen Atelierfenstern, die Möbel wurden aus Japan eingeflogen. Und es gibt sogar japanische Tatami-Räume mit Blick auf den Zen Garten, in denen die Speisen von in Kimonos gekleideten Japanerinnen streng nach Tradition serviert werden!

📍 Himmelpfortgasse 23
1010 Wien

📞 (01) 890 4665

🕐 Di – Mi 17.45 – 24.00
Do – Sa 12.00 – 14.00,
17.45 – 24.00

🌐 www.tian-vienna.com

Tian

Vegetarischer Gourmet-Tempel

So was gibt's nicht oft auf der Welt: ein hochelegantes, mondänes Haubenlokal, in dem ausschließlich Vegetarisches auf die aparten Teller kommt. Chefkoch Paul Ivic („Essen braucht keine besondere Sprache, Essen braucht eine Seele") ist ein Zauberer der Aromen, arbeitet viel mit vergessenen Gemüsen und zeigt, ganz ohne missionarischen Eifer, wie kreativ und delikat die fleischlose Küche sein kann – von Kohlrabi mit Waldmeister bis zu Spargel mit Haselnuss und Giersch. Die Preise sind gehoben, aber das passt zum chicen, herzlichen Ambiente des Tian. Und die Luster muss man gesehen haben!

Die Küche im Palais Hansen Kempinski

Damit der Tag mit Glamour beginnt

Ja, man kann hier auch mittags oder am Abend essen. Aber die Empfehlung lautet: auf zum besten Frühstück von Wien! Im Hotel Kempinski, der Edelherberge im Palais Hansen, haben auch Nicht-Hotelgäste Zutritt zum Restaurant „Die Küche". Liebevoll umsorgt vom Servicepersonal sitzt man elegant neben sechs Meter hohen, hängenden Gärten und schwelgt im Genuss. Das Frühstücksbuffet füllt einen ganzen Raum: die Gebäck-Auswahl riesig, das Käsebuffet erlesen, die Vielzahl an frischen Säften und Obst beeindruckend. Und alles hinreißend dekoriert. Frühstückerinnen von Wien, willkommen im Paradies!

Hotel Kempinski
Schottenring 24
1010 Wien

(01) 236 1000 8080

Mo – Fr 6.30 – 22.00
Sa, So 7.00 – 22.00
(keine durchgehend
warme Küche)

kempinski.com/wien

High Tea im „1873 – HalleNsalon"

Auf die feine englische Art

Essen und Trinken in chicen Hotels ist schon was ganz Besonderes, das beamt einen nämlich ruck-zuck in eine so feine internationale Stimmung. Im Hotel Imperial, das 1873 eröffnete, wurde die historische Lobby zum HalleNsalon. Und ebendort wird jeden Samstag (außer im Sommer) nach britischer Art High Tea serviert. Man versinkt in bequemen Ohrensesseln und wird mit Scones nach traditionellem britischen Rezept, mit Clotted Cream, herzhaft belegten Sandwiches und kleinen sündigen Küchlein verwöhnt. Dazu Rosé-Champagner und köstlichen Tee – Frauenherz, was willst du mehr?

Hotel Imperial
Kärntner Ring 16
1010 Wien

(01) 501 100

Oktober bis April
Sa 14.30 – 17.00

imperialvienna.com

BAR/terre

Das im Erdgeschoss des Sofitel Vienna angesiedelte BAR/terre ist für jeden zugänglich. Doch wer einmal hier ist, findet nur ungern wieder nach Hause.

ES GIBT MOMENTE

Pulsierende. Entspannte. Fröhliche. Momente, die man genießen möchte. Für eben diese gibt es jetzt auch einen Ort das BAR/terre im Erdgeschoss des Sofitel Vienna Stephansdom.

Im BAR/terre werden die Sinne jedes Einzelnen zum Schwingen gebracht. Die Wienerin und der Wiener finden hier sowohl regionale Gaumenspiele die nach Heimat schmecken, als auch internationale Food Kreationen, die Lust auf die weite Welt machen. Gleichzeitig sorgen extrovertierte Cocktail-Spezialitäten mit einzigartigen Zutaten für einen Twist in Kopf und Gaumen.Cool aber nicht übertrieben präsentieren sich die Kaffee Genüsse im neuen Hotspot am Donaukanal. Hierbei wird die traditionelle Wiener Kaffeehauskultur zelebriert, gleichzeitig jedoch das moderne Barista Feeling der weiten Welt in eine Tasse gezaubert.

STYLE & DRINKS

Lady Cool:
Bars & Szenelokale

Praterstraße 70
1020 Wien

(01) 96 90 832

Mo – Fr 9.30 – 22.00
Sa 10.00 – 17.00

the.supersense.com

Supersense

Himmel, ist das cool!

Sind wir hier in New York, oder was? In einer grandios schönen Location, dem Dogenhof, tummelt sich ein Haufen kreativer Menschen (mit kleinem Hang ins Exzentrische) und mischmascht vor sich hin. Da werden Polaroid Filme und Kameras verkauft, im Music Elevator werden Platten aufgenommen und auf der alten Druckerpresse Gedichte gedruckt. Und gleich beim Eingang vorne: das Cafe Kostbar! Hinreißend zum Frühstücken, abhängen, plaudern. Mittags werden täglich wechselnde Menüs serviert (Parmesansuppe mit Holunder im Bierteig, yummy!), am Abend gibt's Dinner. Können wir bitte einziehen?

Intermezzo Bar

Hier tranken schon Grace Kelly und Lilli Palmer

Unter diesem Kristallluster muss jede Frau mal gesessen sein! Einen größeren wird man in Wien nicht finden. Die Bar im Interconti ist sicher kein Hipster-Place, aber eine schöne, klassisch-elegante American Bar mit einer gigantischen Auswahl an Whiskys, Cocktails und Longdrinks. Und regelmäßig feinen Live-Jazz-Konzerten. Als Frau kann man hier beruhigt den Abend verbringen, denn die aufmerksamen Kellner haben ein Auge drauf, dass alle sich wohlfühlen. Auch nett: Hier wird bis 2.00 Uhr früh Barfood serviert, vom Burger über Austern bis zu Humus und Frühlingsrollen. Man kann ja nie wissen ;-)

Hotel InterContinental
Johannesgasse 28
1030 Wien

(01) 711 220

Mo – So 18.00 – 2.00

www.vienna.interconti
nental.com/gastrono
mie/intermezzo-bar

Alma Gastrothèque

Auf ein Glaserl am Abend

Was genau sind jetzt Tartines? Also eigentlich belegte Brote – aber im Vierten kann man erleben, wie Brot+Auflage auch schmecken können. In ihrer feschen Gastrothèque zaubert Quereinsteigerin Christina Nasr (zuvor bei den Vereinigten Bühnen) Leckerschlecker-Zauberdinger mit poetischen Namen wie „Huhn auf Urlaub" oder „Tolle Knolle". Schmecken stark gewürzt, aber vorzüglich. Und es gibt eine große, eindrucksvoll-ausgesuchte Weinkarte mit vielen offenen Weinen, um die Schärfe wegzuspülen ;-) Denn eigentlich ist das hier ein Weinlokal – eines mit supernettem Service, in dem sich viele Frauen tummeln.

Große Neugasse 31
1040 Wien

(01) 997 44 46

Di – Sa 16.00 – 24.00

www.facebook.com/
almagastrotheque

Randale

📍 Kettenbrückengasse 1
1050 Wien

📞 0650 8550772

🕐 So – Mi 16.00 – 1.00
Do – Sa 16.00 – 4.00

📘 www.facebook.com/
pizzarandale/

Wenn die Pizzeria zum Szeneklub wird

Auch denjenigen, die aus dem Pizza-Alter schon raus sind, sei gesagt: Pizza geht auch anders! Etwa mit roten Rüben, Kren und geräucherter Regenbogenforelle (unglaublich gut) oder mit Black Angus Roastbeef und Zitronenöl. Und wenn Blunzen, Apfel und Majoran auf der Pizza landen, nennt sich das hier „Wiener Blut". Die ultra-kreativen Teigradeln werden im ehemaligen Transporter-Club gebacken – und szenig und laut geht's hier immer noch zu, vor allem wenn abends DJs auflegen. Am Wochenende wird bis 4.00 früh gefeiert, da zahlt es sich dann aus, dass man was Anständiges im Magen hat.

Windmühlgasse 20
1060 Wien

(01) 966 30 66

Mo – Sa 18.00 – 2.00

zumgschupftnferdl.com

Zum Gschupftn Ferdl

Der Heurige fürs 21. Jahrhundert

Die Wiener Reblaus im neich'n Gwand! So einen Heurigen hatte Wien zuvor noch nicht gesehen: Optisch irgendwo zwischen 80er Commodore-Pixeloptik und Stickdeckerln angesiedelt, dazu eine Zirbenstube aus Papier, wird der Wiener Institution auch inhaltlich eine Frischzellenkur verpasst. Essen und Trinken: Alles hier ist bio, alles stammt von kleinen Manufakturen! Warme Schmankerl, innovative Heurigenküche und vor allem die berühmte Jaus'n sorgen für ein wohliges Gefühl im Magen, die Bio-Weine für gute Laune. Und in der Jukebox warten 700 Wiener-Lieder von Moser bis Austropop.

Miranda

📍 Esterhazygasse 12
1060 Wien

📞 (01) 95 28 794

🕐 Mo – Do 18.00 – 2.00
Fr, Sa 18.00 – 3.00

🌐 www.mirandabar.com

Die Bar, die so gut aussieht

Ja, es gibt auch Bars, die nicht nur dunkel und schummrig sind! Als das Architekten-Duo Tzou Lubroth in ein größeres Atelier umzog, beschloss es kurzerhand, aus dem alten Büro eine Bar zu machen. Das Resultat ist ein chices Kleinod mit rosafarbener Signalwand und einem riesigen Pflanzenbild. Miami Vice lässt grüßen! Mitgründer Fridolin Fink, der nebenan ein Haubenrestaurant betrieb, und sein Team sorgen für die je nach Saison wechselnde Cocktailkarte. Sympathisch, unkompliziert, übersichtlich und (nicht nur wegen der weiblichen Barkeeperin) gut für Frauen geeignet. Im Sommer gibt's viele Plätze im Freien.

Dachboden

Für die #girlsnightout

Der oberste Stock des Hotels 25hours ist eines der chicsten Multifunktionsdinger der Stadt. Genial eingerichtet in einer Mischung aus Fifties, Baumarkt, Nierentischen und eleganten Sofas und bestückt mit einer grandiosen Terrasse – der Blick reicht bis über die Stadt hinaus. Rauf fährt man mit einem verglasten Außenaufzug, um nachmittags bei Kuchen und Kaffee zu plaudern, zu arbeiten (gratis W-Lan) oder abzuhängen. Am Abend lassen sich unter dem Motto Girlsnightout ein paar Cocktails kippen („think pink" probieren!) und mittwochs wird zu Vinyl-Platten getanzt. Alles ganz unkompliziert und sehr, sehr lässig!

25hours Hotel Wien
Lerchenfelder Str. 1-3
1070 Wien

(01) 521 510

Mo – So 15.00 – 1.00

www.25hours-hotels.
com/restaurants-bars/
wien

Matiki

Gardegasse 2
1070 Wien

0660 85 24 576

Mo – Do 18.00 – 2.00
Fr, Sa 18.00 – 3.00

www.matiki.at

Willkommen in der Südsee!

Kommen zwei belgische Brüder nach Wien und eröffnen eine Hawaii-Bar im Tiki-Style. Klingt vielleicht ein bissl schräg, entpuppt sich aber als eine der sympathischsten Bars der Stadt. Die herzlichen Besitzer, sofort erkennbar an wild gemusterten Hawaii-Hemden, verstehen wirklich viel von Cocktails und mixen viel mehr, als auf der Karte steht. Vom „Dark+Stormy" über einen klassischen „Alexander" bis zur „Bride from Ipanema". Trotz Tiki-Style ist die kleine, übersichtliche Bar ziemlich elegant möbliert – und das Publikum genauso gut gelaunt wie die Barkeeper. An warmen Tagen stehen sogar Liegestühle vor dem Matiki. Summertime and the living is easy...

Die Parfümerie

Kleine Bar mit Flair

Neustiftgasse 84
1070 Wien

Mo – Do 18.00 – 2.00
Fr, Sa 18.00 – 4.00

dieparfuemerie.net

Dass man als Frau beruhigt in diese Cocktailbar gehen kann, wird schon beim Lesen der Karte klar: Da steht gleich auf der ersten Seite: „Wir tolerieren keinerlei respektloses Verhalten, Rassismus oder Sexismus. Falls Sie sich von einem Gast belästigt fühlen, sagen Sie es dem Barkeeper." Danke an die drei Jungs, denen die Bar gehört, für die klaren Worte! So kann frau vor einer stylishen Palmen-Tapete in Ruhe den Abend verbringen und einen Orange-Thyme-Daiquiri oder Mules schlürfen. Die Auswahl an Cocktails in der kleinen Bar ist nicht riesig, dafür die Atmosphäre umso legerer.

krypt.

Wasagasse 17
1090 Wien

Mi, Do 18.00 – 2.00
Fr, Sa 20.00 – 4.00

www.krypt.bar

Mystik & Glamour:
Die lässigste Bar der Stadt

Wien kann so cool sein! Man läutet bei einer unscheinbaren Tür im Neunten, steigt tief hinab in die Unterwelt des Alsergrunds – und landet in einer extravaganten Bar wie aus einem Hollywood-Film. Im 200 Jahre alten Gewölbe wurden Fischgrätboden aus Marmor verlegt, die Lüftungsrohre durchziehen golden die kirchenartigen Räume und die Bar aus Nussholz läuft meterlang durch den Hauptraum. Und trotz all der Eleganz gibt es keinen Dresscode, keine Gästeliste, keine Türsteher. Dafür herzliche Barkeeper, exzellente Cocktails (Suchtgefahr bei „Rosebud"!) und – trotz eher lauter DJ-Beschallung – ein wunderbar entspanntes Feeling.

Das Wiener Muster-Buch

150 Muster zum Heraustrennen:
Wiener Motive für Papierliebhaber von
Jugendstil bis Modern

WUNDER GARTEN

Unsere Buch-Bestseller!

– Das Wiener Muster-Buch
– Der Katzen-Guide für Wien
– selected Vienna. Vegetarisch & vegan essen

Im Buchhandel oder unter:
www.diestadtspionin.at

Alle Informationen wurden gründlich geprüft. Dennoch können sich
Öffnungszeiten ändern oder sonstige Änderungen eintreten.
Trotz sorgfältiger Bearbeitung kann keine Haftung für die Richtigkeit
oder Vollständigkeit des Inhaltes durch die Autorin, den Verlag und seine
MitarbeiterInnen übernommen werden.

ISBN 978-3-903070-08-0
Erste Auflage
© 2018 Wundergarten Verlag, Wien

Bildnachweis: Alle Bildrechte liegen bei der StadtSpionin bzw. den Lokal-
besitzern. Außer Seiten 11: Mark Glassner. 16: Tomasch. 18: Markus Tordik.
24: Christian Zagler. 26: Marie-Claire Amann. 34: Katharina Gossow.
40: Jiszda. 42: Jan Lackner. 45: Werner Helnwein. 49: Isabelle Soulier.
53: Christina Karagiannis. 55: Mike Rabensteiner. 65: Sabine Klimpt.
75: Jochen Russmann. 85: Pixelcoma. 97: Monika Nguyen. 117: Klug.

Die StadtSpionin dankt Raphaela Brandstetter, Sofia Meyer, Ines Hofbaur,
Lilly Maier und Sigrid Gerl.

ArtDirektion und grafische Gestaltung:
Carina Reindl
www.carinareindl.com

Druck: Alföldi, Debrecen
Printed in the EU

Wundergarten Verlag
Sabine Maier
Phorusgasse 7
1040 Wien
www.wundergarten.at